陈辉，圆明园管理处文物考古研究中心主任，副研究员，故宫研究院宫廷原状研究所客座研究员，北京市文保协会理事。自2003年开始从事圆明园文物研究和文物、遗址的保护工作。撰写图书《圆明园遗珍——圆明园出土文物研究》，先后在《紫禁城》《中国文物报》《北京文博》《书法丛刊》《文物天地》等学术刊物上发表论文20余篇。参与北京市文物局组织的《北京文物建筑大系·园林卷》《文物背后的故事》和圆明园管理处组织的《圆明园流散文物》等大型丛书的编写工作。

圆明园寻瓷

陈辉 著

学苑出版社

图书在版编目（CIP）数据

圆明园寻瓷 / 陈辉著． — 北京 ：学苑出版社，2021.12

　ISBN 978-7-5077-6333-1

Ⅰ．①圆… Ⅱ．①陈… Ⅲ．①圆明园－瓷器（考古）－介绍 Ⅳ．① K876.3

中国版本图书馆 CIP 数据核字（2021）第 266147 号

责任编辑：魏　桦
出版发行：学苑出版社
社　　址：北京市丰台区南方庄 2 号院 1 号楼
邮政编码：100079
网　　址：www.book001.com
电子信箱：xueyuanpress@163.com
联系电话：010-67601101（销售部） 67603091（总编室）
印　刷　厂：英格拉姆印刷(固安)有限公司
开本尺寸：700×1000　1/16
印　　张：20.25
字　　数：245 千字
版　　次：2022 年 11 月第 1 版
印　　次：2022 年 11 月第 1 次印刷
定　　价：268.00 元

前　言

被誉为"万园之园"的圆明园位于北京西北郊，是一处集理政、游赏功能于一体的清代皇家御园。雍正、乾隆、嘉庆、道光、咸丰五朝皇帝，每年大部分时间都在此理政、生活。圆明园与紫禁城共同构成了当时的统治中心，被称为"御园"。

北京西北郊，峰峦叠嶂，草木茂盛，泉甘土肥，名园古寺位于其间。这里兼有江南水乡的秀丽和北方山林的粗犷，是历代皇族、王公兴建行宫花园的胜地。来自关外的清帝王，血脉中流淌着游牧民族的血液，他们对山林有着天然的亲近感。清朝定都北京后，难耐城内夏天的酷暑。对他们而言，西郊的湖光山色比壮阔拘谨的紫禁城更具吸引力。"紫禁围红墙"，"未若园居良"。[1] 因此自康熙朝起，就开始在这里营造皇家苑囿，至乾隆朝，以"三山五园"[2] 为主体的皇家园林群形成。当年，这一带举目所见尽为皇家所有。

位居"三山五园"之首的圆明园于康熙四十六年（1707）始建并已初具规模。原是康熙帝赐予皇四子胤禛（雍正帝）的花园。初建时

---

1 （清）弘历著，故宫博物院编：《清高宗御制诗》四集卷五十一《夏日养心殿》，海南出版社，2000年版，12册409页。
2 目前学界普遍认为，香山、玉泉山、万寿山分别建有静宜园、静明园、清漪园（颐和园），再加上畅春园和圆明园合称为"五园"。也有的学者认为"三山"与"五园"有所重复，因此"五园"指"圆明五园"，即圆明园、长春园、绮春园和熙春园、春熙院。本书"五园"指：静宜园、静明园、清漪园（颐和园）、畅春园和圆明园。

园中以自然景观为主，建筑主要集中在后湖周围。雍正帝即位后，圆明园成为帝王御园，在原有亭台、丘壑的基础上加以扩建。园南端增建了处理政务的衙署，同时扩展园林范围，形成了"二十八景"。初步完成了从皇子赐园向帝王御园的转变。但此时的圆明园仍是"不尚其华尚其朴，不称其富称其幽"[1]。乾隆帝即位后，凭借稳定的政治局势和富足的财力，在园内进行大规模的扩建和改建，至乾隆九年（1744）形成了著名的"圆明园四十景"。并于乾隆十年至十六年（1745—1751）在圆明园的东侧为自己兴建归政娱老之处长春园。长春园包括澹怀堂、含经堂等中式建筑和一组西式建筑群西洋楼。乾隆三十五年（1770），合并了几处私家园林，在圆明园东南兴建了绮春园，基本形成了圆明三园[2]的格局。造园的风格也由康熙、雍正时期的崇尚简洁、朴素转为繁复、奢华，极力渲染盛世的恢宏和皇家的富丽。乾隆三十二年（1767）皇室赐园"熙春园"并入圆明园，乾隆四十五年（1780）皇室赐园"淑春园"改名"春熙院"归入圆明园，此时圆明园有"五园"之盛。但嘉庆七年（1802）嘉庆帝将"春熙院"赐给庄敬固伦公主，道光二年（1822）道光帝又将"熙春园"分赐给皇室宗亲绵恺和绵忻。从乾隆四十五年至嘉庆七年（1780—1802）"圆明五园"存在了22年后，又恢复成"圆明三园"。嘉庆帝不仅在治国理政方面守成继业，而且也并未大规模兴建新的园林，而只是将圆明三园进一步完善，重点建设了绮春园。至嘉庆十九年（1814），三园的规模达到全盛，占地350公顷。道光、咸丰两朝，仅对园内部分景点进行了修缮和改建。

---

1 （清）弘历著，故宫博物院编：《清高宗御制文》初集卷四《圆明园后记》，海南出版社，2000年版，1册46页。
2 圆明园由圆明、长春、绮春三园组成。下文中如无另外说明"圆明园"指"圆明三园"。

康熙帝兴建畅春园将宫廷与苑囿合一，开创了清帝园居理政的先河。雍正至咸丰五帝，通常每年正月十五灯节之前就由紫禁城来到圆明园，入冬之后回紫禁城。居京城时，除祭祀、大典等活动暂时回宫外，春、夏、秋大部分时间在此居住，届时后妃等皇室成员随同前往。《养吉斋丛录》载："旧制，正月上辛，郊礼告成，即移跸御园，至冬还宫，宫眷皆从，俗称之大搬家。"[1] 从雍正至咸丰，五朝皇帝驻跸圆明园的时间都超过其居住在紫禁城的时间。此外，雍正十三年（1735），雍正帝逝于圆明园九州清晏；乾隆二十五年（1760），嘉庆帝生在九州清晏的天地一家春；道光十一年（1831），咸丰帝生于圆明园湛静斋；道光三十年（1850），道光帝逝于圆明园慎德堂。由此不难看出清皇室在圆明园居住的时间之长。

圆明园不仅是皇帝的游赏之地，也是理政之所，是紫禁城之外最重要的国家统治中心。宫殿建在自然山水园林中对皇帝身心有益，雍正帝认为圆明园"风土清佳，园居为胜"，在这里可以"宁神受福，少屏烦喧"[2]，乾隆帝也说"帝王临朝视政之暇，必有游观旷览之地"[3]。雍正三年（1725）八月，雍正帝驻跸圆明园之初，即发上谕"朕在圆明园与在宫中无异，凡应办之事照常办理"[4]。这既是晓谕各部大臣也是告诫后辈儿孙，在圆明园中不能沉湎游赏玩乐，圆明园和紫禁城都是皇帝的理政场所。清帝在这里除临朝听政，召对臣工，批阅奏章，勾决人犯等例行政务外，还常在正大光明、山高水长、同乐园、含经堂等处接见、宴赏少数民族首领，荷兰、英国等外国使臣，处理重大民族与外交政务。

---

[1]（清）吴振棫撰：《养吉斋丛录》卷十三，中华书局，2005年版，178页。
[2]（清）于敏中等编：《日下旧闻考》卷八十，北京古籍出版社，1985年版，1321～1323页。
[3]（清）于敏中等编：《日下旧闻考》卷八十，北京古籍出版社，1985年版，1323～1324页。
[4] 中国第一历史档案馆编：《圆明园》上册，上海古籍出版社，1991年版，17页。

清朝是中国数千年传统文化的集大成者，康、雍、乾三朝更是鼎盛阶段。圆明园正是在这样的时期经五朝帝王建设而成的，标榜天子至上，符合皇权威仪的宫廷御园。它曾以其宏大的地域规模、杰出的造园艺术、精美的建筑、丰富的文化收藏和突出的政治地位闻名于世。乾隆帝称圆明园为"天宝地灵之区，帝王豫游之地，无以踰此"[1]。法国大文豪雨果把圆明园和雅典的巴黛农神庙分别称为东西方艺术的代表，盛赞圆明园"不但是一个绝无仅有、举世无双的杰作，而且堪称梦幻艺术的崇高典范"[2]。盛时的圆明园不仅以杰出的造园艺术和精美的建筑著称，而且也是一座收藏极为丰富的皇家博物院，其内的收藏和陈设代表了有清以来的最高成就。雨果曾说："即使把法国所有圣母院的全部珍宝加在一起，也无法同圆明园这座规模宏大而富丽堂皇的东方博物馆媲美。"[3]

嘉道期间，由于国力转衰，加之帝王无心治艺，为了节约宫廷开支，清帝裁撤清漪、静明、静宜三园的陈设，只常居圆明园中。咸丰以降，"大清"国势风雨飘摇，内忧外患频生。这座举世名园于1860年10月被英法联军洗劫、焚毁。园林建筑化为灰烬，历代收藏的古物和众多精美绝伦的陈设亦遭浩劫，或被付之一炬，或被肆意毁坏，或被掠至海外……名园被毁，百年之经营，化为焦土，多少稀世奇珍或灰飞烟灭，或流散各处，或深埋地下。同光时期虽力图修复圆明园，终因国力不逮而中止。立于盛世之巅的乾隆皇帝，能否料到其子孙竟有如此悲凉的际遇，其悉心修建、装饰的御园会成为一片废墟。

1（清）弘历著，故宫博物院编：《清高宗御制文》初集卷四《圆明园后记》，海南出版社，2000年版，1册46页。
2 圆明园管理处编：《西方人眼中的圆明园》，对外经济贸易大学出版社，2000年版，1页。
3 圆明园管理处编：《西方人眼中的圆明园》，对外经济贸易大学出版社，2000年版，2页。

目 录

上篇　御园奇珍

第一章　清代御园圆明园 / 3
　　一、展经史、阅书画、陈鼎彝之地 / 4
　　二、鼎盛时期的收藏和陈设 / 21

第二章　圆明园中瓷器的收藏和陈设 / 41
　　一、清代御窑瓷器烧造的兴衰和成就 / 42
　　二、清代档案和流散文物中圆明园瓷器的收藏和陈设 / 51

下篇　残瓷之美

第一章　青花瓷 / 109

第二章　釉里红瓷和青花釉里红瓷 / 173

第三章　颜色釉瓷 / 181
　　一、黄釉 / 184
　　二、红釉 / 190
　　三、蓝釉 / 193
　　四、紫釉 / 197
　　五、酱釉 / 199

六、绿釉 / 201

　　七、青釉 / 203

　　八、白釉 / 211

　　九、颜色釉仿古瓷器 / 218

第四章　杂釉彩瓷和素三彩瓷 / 223

　　一、杂釉彩瓷 / 223

　　二、素三彩瓷 / 242

第五章　五彩瓷 / 245

第六章　斗彩瓷 / 257

第七章　粉彩瓷 / 281

结语 / 289

附录　瓷砖和瓷镶嵌件 / 291

参考文献 / 306

后记 / 311

上篇 御园奇珍

圆明园的收藏与陈设

第一章
清代御园圆明园

　　乾隆帝称赞圆明园为"天宝地灵之区,帝王豫游之地,无以踰此",已将圆明园推向他心中无以复加的极致。昔日的"万园之园"不仅在于天上人间诸景备的园林建筑,也包括了供皇帝及生活在其中的皇室成员赏玩、使用的陈设和收藏。这些皇家收藏和园林建筑一样包罗万象,可谓"上下五千年,东西十万里"。清帝王集天下之良材,揽四海之巧匠,倾一国之力来建造、装饰一园,满足他在其中的各种需要,或处理政务,或敬神礼佛,或听戏赏景,或赐宴外藩。因此,园内陈设有的富丽堂皇,符合皇家威仪,有的清新淡雅,与皇帝的文人气质相合,有的来自海外,展现睥睨天下的大国风范。虽然圆明园中曾有多少文物始终是一个谜,但通过清朝皇帝、造办处工匠、西洋传教士、外国使者、英法联军等形形色色的人的记载，可以确定的是，圆明园的收藏等级和数量规模居清代皇家"三山五园"之首，其中的许多收藏除紫禁城以外是独一无二的。

一、展经史、阅书画、陈鼎彝之地

圆明园的陈设和收藏始于康熙朝雍亲王，盛于乾隆。此时清朝国力强盛，圆明园的这两位主人自幼深受汉文化的教育和熏陶，具备高品位的文化和艺术修养，余暇之时，喜好鉴藏古玩，制作和收藏各种艺术品。圆明园是他们制作、赏玩、收藏和展示这些艺术品的重要场所。

（一）集古今中外之大成的清代皇家收藏

商周青铜器上常见的"子子孙孙永宝用"的铭文，反映了中国人希冀传承的典藏观，"禹采九牧之金，铸九鼎，象九州"。中国皇室的收藏肇始于王权产生，它们不仅是"子子孙孙永宝用"的传家宝物，更包含了政治意图，是皇帝宣扬道德、教化臣民、治国理政的智慧体现，关乎天下大事。自古以来，皇家传承的古物已如"九鼎"般是天命所系的"镇国之宝"，带有法统的象征意义。对皇家来说，一旦失去也就宣告了皇朝的灭亡。儒家思想认为，"器以藏礼""器以载道"。皇家收藏由最初具体的收藏意图，提升到荟萃文物和典籍的精华以取治国之道，也象征着传承的正统地位。乾隆帝在《钦定周官义疏》中从治国兴邦的角度阐述了皇室收藏的意义：国以民为本，民以食为天，民食足而后教化兴，教化兴而后国治安，国治安而后祖宗之器得以常守而弗坠。他将对祖宗之器的典守，与国家安定联系起来，证明在自己的统治下"大清"是民安教化的太平盛世。由文物的拥有者，宣告天命所归的皇权。历代皇室不仅继承前世遗物而藏之，搜求天下奇珍而储之，而且为满足其政治及奢侈生活的需要，不断制造新的御用器，从而使皇宫成为文物珍宝最丰富、最集中的收藏地。艺术品的收藏和制作不仅是皇权的象征，展当朝之国力兴盛，纪功以传之久远，也是皇帝奢华生活的需要和怡情悦性的艺术享受。皇帝日理万机之后，赏玩心爱的收藏，思接千载，神游八方，也不失为一种赏心乐事。康熙帝曾说："朕用膳后，必谈好事，或寓目于所作珍玩器皿，如是则饮食易消，于身大有益也。"[1]

收藏之富，首推帝王之家。以帝王的名义搜集古物，所得皆为精品。中国皇室收藏自古有之，虽然一部分毁于天灾人祸，却仍有部分在各种劫难中幸存，传承下来。自商周时代起，王公贵族便已具备文明传承意识。西周时设"天府""玉府"，专司收藏。汉代已成风气，汉武帝创"秘阁"，收藏图书，至唐更加昌盛，唐太宗推崇王羲之书法，不遗余力地收集、记录、摹写，甚至将他深爱的《兰亭序》带入陵墓。宋太宗以赏赐金帛、授予官位的方式征集图书、书法藏于"秘阁"。北宋徽宗嗜好古器，书画铜器、奇石异草无所不收。他编的《宣和书谱》和《宣和画谱》是今日所见的最早的皇室收藏记录。当时凡家有古器的都要悉数献出，巴结权势之徒不惜重金搜求。宋代朝廷先是诏令几个烧瓷质量较好的窑场如定窑、耀州窑等烧造贡瓷，后又专门设立汝窑、钧窑、修内司官窑、郊坛下官窑等专门烧造宫廷用瓷。这些稀世珍品在北宋灭亡后，悉被金人劫掠送至上京，后又转运至中都（今北京），另有少部分随宋皇室南迁至临安。南宋临安朝廷更为奢侈，宫中艺术品的聚藏更为兴盛。元代蒙古人统一全国后，南宋宫廷收藏宝物

---

[1]（清）玄烨撰：《庭训格言》，中州古籍出版社，2011年版，106页。

被运至大都（今北京），并和金中都收藏成为一体，成为明清两代宫廷收藏的基础。元、明两代皇室收藏流传有序。元文宗设奎章阁为典藏机构。明朝收元代皇室文物，洪武初年由典礼纪察司掌管。《宣德鼎彝谱》记载明代宫廷已收藏柴、汝、官、哥、钧、定等大量宋代名窑瓷器。明朝灭亡后，明皇室收藏品损毁较少，大部分被清廷接收。清帝借朝廷之威，倾一国之力，广为搜求，通过官员奉献、出资购买、抄家罚没，使流落民间的四方奇珍、历代典籍，重归内府。乾隆朝，内府收藏达到顶峰。清代宫廷收藏的陶瓷大多数为宋代五大名窑瓷器及明清景德镇烧造的御用瓷器。历代皇室收藏如潮起潮落，聚聚散散。

清朝统治者原是游牧民族，靠武力夺取天下。为了更好地巩固统治，他们一方面采取文化弹压的手段，屡兴文字狱，另一方面则有意识地把自己塑造成以汉文化为主的传统文化的代表者。清朝入主中原并能享国祚三百年，与其接受且重视汉民族传统文化有关。清代异常严格的皇子教育制度也造就了一批具有较高文化素养的皇子和皇室成员。清代帝王少年时就开始学习正统的儒家经典和历史典籍。在此过程中，他们被汉文化濡染，在帝王的角色之外，自觉地选择了文人的角色，并以文人的标准要求自己。帝王和皇室成员大多博经史、通音律、喜鉴藏，擅书法丹青。《郎潜纪闻》载："圣祖天纵多能，艺事无一不学，亦无一不精。几暇作画赐廷臣，今海内旧家，尚有宝守者。"[1] 嘉庆时期的昭梿在《啸亭杂录》中这样记述："纯庙赏鉴书画最精……怡情悦性者皆不凡也。"[2] 乾隆帝在《西清古鉴》谕旨中说："我朝家法，不事玩好。民间鉴赏，概弗之禁。而殿廷陈列与夫内府储藏者未尝不富。以游艺

---

[1]（清）陈康祺撰：《郎潜纪闻初笔》卷七，中华书局，2008年版，142页。

[2]（清）昭梿撰：《啸亭杂录》卷一，中华书局，2006年版，26页。

之余功,寄鉴古之远思,亦足称升平雅尚。"[1] 清帝以帝王身份介入书画创作和文玩鉴藏,不仅是个人爱好和繁忙政务之余的生活调剂,也是为了标榜其正统的统治地位。他们继承文化,溯本求源,悉心收集古物,并传诸后世,在其中投入了大量的时间、精力和热情,他们不仅仅是收藏者,同时也是鉴赏者、监制者。这个时期满、汉、藏、蒙古、维吾尔等多民族文化的融合,东西方文化的交流、碰撞,也使清宫的收藏和陈设更加多姿多彩,集生活的趣味性与文化的丰富性之大成。经过清前、中期几朝皇帝的努力,尤其是乾隆帝对收藏的酷爱,在皇权的庇护下,清代宫廷收藏古今中外兼容并蓄,天下美物集于宫内,达到皇室收藏的历史之最。正如《清史稿·艺文志》所云:"其宋、元精椠,多储内府,天禄琳琅,备详宫史。经籍既盛,学术斯昌,文治之隆,汉唐以来所未逮也。"[2]

(二)康、雍、乾三帝的收藏、鉴赏活动和宫廷器物制作

康熙帝为开创之主,文治武功俱盛,不仅奠定了康乾盛世的基础,更推动了东西方文明的交融。康熙帝对传统文化的继承,对西方文明的开放态度与学习精神,在历代皇帝中可谓前无古人,后无来者。鉴于前代记录书画诸书的"种类错误,漫无统计",康熙帝命孙岳颁、王原祁等人编纂《佩文斋书画谱》,全面反映了康熙朝历代书画典籍的搜集整理情况。他以帝王之尊,在宫廷造办处任用有一技之长的西洋传教士,学习西方技术,倡导研制珐琅器和玻璃器。正是康熙帝这种"与西方竞艺"的精神,推动了这一时期东西方文化艺术的相互交融,为清皇家收藏和御用器物的制作增添了更为丰富的内容,也为雍

---

[1] (清)鄂尔泰、张廷玉等编著:《国朝宫史》卷三十三,北京古籍出版社,2001年版,650页。
[2] 赵尔巽等撰:《清史稿·艺文志》卷一四五,中华书局,1977年版,4220页。

正、乾隆两朝内府收藏的空前集中和造办处御用器制作的繁荣及对传统文化系统的整理奠定了坚实的基础。

长期优游林下的皇子生活，造就了喜爱园林、诗歌、收藏，长于书法的皇四子胤禛，也就是日后深谙艺术真谛的雍正帝。他不是既定的皇位继承人，也未被派遣远征，因此，除了几件公务之外，他有充足的时间来追求自己的兴趣。圆明园作为藩邸赐园，是胤禛龙潜之地，他蛰伏在此，韬光养晦，蒙蔽对手，取悦皇父，过着文人雅士与富贵闲人般的生活。他为皇子时所作的诗描绘了在圆明园中阅六经、礼三宝，与砚、琴、书为伴，不拘束、无烦恼的生活。

图1 清《胤禛朗吟阁图》（现藏北京故宫博物院）

　　圆明园，真妙好。如佛地，同仙岛。
　　青山环，绿水抱。鹤衔芝，鱼吞藻。
　　有交梨，多火枣。种桑术，植粳稻。
　　阅六经，礼三宝。任春秋，随晚早。
　　不拘束，无烦恼。奉天时，养吾老。
　　——（清）胤禛《小园三字经》

郁郁千株柳，阴阴覆草堂。
飘丝拂砚石，飞絮点琴床。
莺啭春枝暖，蝉鸣秋叶凉。
夜来窗月影，掩映简编香。
——（清）胤禛《深柳读书堂》[1]

北京故宫博物院藏有一幅《胤禛朗吟阁图》（图1），胤禛端坐在朗吟阁中，周围嘉木丛生，鹿鹤环绕。从画中人物年龄看，此时胤禛尚为皇子。朗吟阁位于圆明园天然图画北，是一座三间南向两层楼阁，内檐悬胤禛书"朗吟阁"匾，建于康熙朝后期，是胤禛继帝位前喜居之处。乾隆作《敬题朗吟阁》诗云："最久园中阁，两言题额横。（此阁名为皇考潜邸时所题。）"[2] 北京故宫博物院现存多方各种质地的"朗吟珍赏"（图2）、"朗吟阁书画船"（图3）、"御赐朗吟阁宝"（图4）等印章。

图2　清雍正"朗吟珍赏"印（摘自《故宫博物院藏清代帝后玺印谱》）

图3　清雍正"朗吟阁书画船"印（摘自《故宫博物院藏清代帝后玺印谱》）

---

1 （清）胤禛著，故宫博物院编：《清世宗御制文》卷二十六《园景十二咏》，海南出版社，2000年版，295页。
2 （清）弘历著，故宫博物院编：《清高宗御制诗》五集卷四十四，海南出版社，2000年版，17册106页。

图4 清"御赐朗吟阁宝"瓷印章、印文(摘自《故宫八十华诞古陶瓷国际学术研讨会论文集》)

可见,朗吟阁是皇四子胤禛读书、收藏、鉴赏书画珍玩之处。

雍正帝登基前就雅好鉴藏古玩器物,如他所说:"朕仰赖皇考福庇,在藩邸数十年,悠游娱乐,所蓄玩器颇有。"[1]继位后他依旧颇为欣赏自己藩邸制作的器物。雍正六年(1728)五月初五日,"郎中海望奉旨:尔造办处所进的香袋甚糙,朕有府内取来的香袋样子。尔何不照样做来呈进。"[2]多年这样的皇子生活,培养了他追求典雅的艺术品位和审美情趣,以至于他继位后对造办处成造的活计也要求"文雅精细"的内廷恭造之式。继位后,雍正从悠游闲适的亲王,转为终日勤政,宵衣旰食的皇帝。与其父康熙帝和其子乾隆帝不同,他在位期间无暇巡幸、游猎,终日埋首政事。即使在圆明园中也是每日"昼接臣僚,宵披章奏","召对咨询,与诸臣相接见之时为多"[3]。除曾到东陵祭拜祖宗以外,

---

1 中国第一历史档案馆编:《雍正朝起居注册》二册,中华书局,1993年版,1153页。
2 中国第一历史档案馆、香港中文大学文物馆编:《清宫内务府造办处档案总汇》卷三,人民出版社,2005年版,361页。
3 (清)胤禛著,故宫博物院编:《清世宗御制文》卷五《圆明园记》,海南出版社,2000年版,92页。

雍正帝深居简出,在位期间日常活动几乎就是在紫禁城至圆明园之间。他进一步扩建圆明园,并在这里"避喧听政"。政事之余,雍正帝延续为皇子时的爱好,对古董珍玩格外用心,令造办处制作赏心悦目的文玩器具,寄情艺术,以此排遣压力。他不仅指派近臣怡亲王管理造办处,还亲自参与造办处的工作,经常依照自己的审美标准对器物的造型样式、图案纹饰、颜色搭配等品头论足,批评或奖励工匠。

清宫旧藏有一套(共计12幅)绢本《十二美人图》(图5),又称《胤禛妃行乐图》屏,是清代宫廷画师绘制的工笔重彩人物画,现藏北京故宫博物院。以单幅绘单人的形式分别描绘了身着汉装的宫廷女子品茶、观书、赏蝶、鉴古等闲适的生活情景。每幅均纵184厘米,横94厘米,不做装裱,放在一起长度接近12米,蔚为可观。画法精细,设色艳丽,美人姿态端庄,面容隽秀,室内陈设极尽奢华富丽,一器一物无不精细入微。12幅绢画共出现了36件家具和60件器物[1]。内置的古鼎彝器、珍本字画,每件都是皇家珍品,也显示了主人高雅不凡的品味。

图5 清人画《十二美人图》之博古幽思(现藏北京故宫博物院)

而且这些家具和陈设都是写实的,如图中所绘宋官窑瓷器、汝窑瓷器、郎窑红釉瓷器,以及黄花梨多宝格、斑竹桌椅等家具,都是康熙至雍正时期家具和陈设中最流行的品种,宛如此时宫廷室内陈设的图录。

---

[1] 赵广超、吴靖雯著:《细节品鉴十二美人》,《紫禁城》,2013年第5期。

其中有的还可以在现在的清宫旧藏中找到造型、材质相同或相近的器物。据朱家溍先生考证，此图原贴于圆明园深柳读书堂内的围屏上，画中墙上题字落款为"破尘居士"，并钤"圆明主人"印，是为雍亲王时期的胤禛亲笔[1]。"雍正十年八月二十二日，据圆明园来帖内称，司库常保由圆明园深柳读书堂围屏上拆下美人绢画十二张，太监刘沧州传旨：着垫纸衬平，各配做卷杆。"[2] 12幅绢画从圆明园的屏风上拆下来入藏紫禁城，因此逃过劫难，留存至今。美人画内的家具陈设即便不是实景，也可反映当时宫中用器与陈设布置的情况。今天我们从图像中不仅可以得到美的享受，更可通过释读画中的种种细节，推想那个时期圆明园殿宇中的收藏和陈设。图中有些器物本就是雍亲王时期府邸的旧藏。此图中的红釉僧帽壶与台北故宫博物院收藏的明宣德宝石红釉僧帽壶（图6）基本相同。台北故宫博物院中收藏的这件器物上镌刻乾隆皇帝御制诗"宣德年中冶，大和斋里藏"，器物所附传世木座上刻有与器物相同的诗文，诗文外围另刻"雍邸清玩"四字。由此可知此

图6 明宣德宝石红釉僧帽壶（摘自《抟泥幻化：院藏历代陶瓷》）

---

1 朱家溍著：《关于雍正时期十二幅美人画的问题》，《紫禁城》，1983年第4期。
2 中国第一历史档案馆、香港中文大学文物馆编：《清宫内务府造办处档案总汇》卷五，人民出版社，2005年版，58页。

图 7　周兽耳扁壶（摘自《品牌的故事：乾隆皇帝的文物收藏与包装艺术》）

器原藏于雍和宫大和斋，是雍亲王府邸的旧藏。画中桌子上摆放的青铜壶与台北故宫博物院收藏的周兽耳扁壶（图 7）一致，其木座上除刻有"乾隆御赏"与"周兽耳扁壶"外，还刻有"雍邸清玩"，说明此青铜壶原为雍亲王潜邸的收藏。其著录在乾隆朝编撰的《西清古鉴》卷二十中，表明了乾隆对雍正赏玩之物的继承和整理。清人画《胤禛十二月行乐图》（图 8）共 12 幅，每幅中均有胤禛的画像。以自己的容貌入画，仿佛亲历其境，悠游于所向往的生活，体验画中人物的感受，是雍正钟爱的一种绘画形式。这套

图 8　清人画《胤禛十二月行乐图》之十月（现藏北京故宫博物院）

作品是清宫廷画师以圆明园的实景为依据，加以想象而描绘的。图中远处高台敞厅内外，女眷们或听曲或观景；近处回廊及书房内，文人雅士或鉴古玩或品书画。透过洞开的窗户，可以清晰地看到室内，一位画家正面对着真人全神贯注地作画。画家对面的被画者正是头裹乌巾，身着红衫，作文人装扮的胤禛。雍正帝在《御制圆明园记》中说："春秋佳日，景物芳鲜……偶召诸王大臣从容游赏，济以舟楫，饷以果蔬。"[1]《啸亭杂录》也载："世宗驭下严肃，然每假以辞色，以联上下之情。每佳时节令，必赐诸王大臣游宴，泛舟福海，赏花钓鱼，竟日乃散。故当时堂廉之间，欢若父子，无不可达之情也。"[2] 深谙帝王驭下之术的雍正帝与大臣们在圆明园中福海泛舟，赏花钓鱼。有文人修养的皇帝和大臣们在这里鉴古董、赏珍玩也是常事。

清雍正六年（1728）本《古玩图卷》现藏于大英博物馆。清雍正七年（1729）本《古玩图卷》（图9）现藏于维多利亚与艾尔伯特博物馆。《古玩图卷》是以圆明园收藏的实物为题的画作，能真实地反映雍正时期圆明园的收藏和陈设情况。图中可见的陶瓷器有：哥窑鱼耳炉、官窑葵花式洗、明宣德青花凤纹葵瓣式洗、明青花缠枝花卉纹出戟尊、明宣德青花牵牛花纹四方委角瓶、明宣德宝石红釉碗、青花缠枝莲纹花浇、釉里红三鱼纹碗等。不仅有宋代名窑瓷器，还有明代宣德、成化朝瓷器，这也与档案中记载的清廷认同、收藏的古代重要名窑瓷器相契合。据造办处档案记载，"雍正八年六月十五日，太监刘希文、王守贵传旨：着画西洋画人来圆明园画古玩，不必着郎世宁来，钦此。于七月初一日，画得绢古玩册页二册。呈览，奉旨：不必用绢画，用纸

---

1 （清）于敏中等编：《日下旧闻考》卷八十，北京古籍出版社，2001年版，1323页。
2 （清）昭梿撰：《啸亭杂录》卷一，中华书局，2006年版，10页。

图9 清雍正《古玩图卷》(现藏英国维多利亚与艾尔伯特博物馆)

画手卷。"[1]

雍正八年(1730),雍正帝曾指派画西洋画人到圆明园画古玩。选择"画西洋画人"说明他想借助西方写实的绘画技法绘制此图。乾隆皇帝也曾提看过雍正朝《古玩图卷》。"乾隆二年正月初九日,司库刘山久、七品首领萨木哈来说,太监毛团、胡世杰、高玉传旨:着将

---

[1] 中国第一历史档案馆、香港中文大学文物馆编:《清宫内务府造办处档案总汇》卷四,人民出版社,2005年版,552页。

画古玩手卷预备呈览。"太监毛团、胡世杰、高玉将画古玩手卷呈览后，奉旨："着照手卷上贴长黄签古玩取来。"[1] "本月十一日，栢唐阿双柱将古玩手卷持赴圆明园选古玩讫。"[2] 这则档案记载显示出直到乾隆朝此画中的古玩仍收藏于圆明园。《古玩图卷》对器物的准确描绘使我们几乎可以确定它们的质地、样式和年代。其中古玉、青铜器、宋瓷、明瓷等古董与清朝制作的仿古器和各种材质的艺术品、实用器放在一起。[3]

乾隆帝是受到上天特别眷顾的天子，也是历史上为数不多的福寿双全的皇帝。他生于康熙五十年（1711），卒于嘉庆四年（1799），享年89岁，几乎贯穿了整个18世纪。乾隆帝从雍正十三年（1735）九月登基，到嘉庆元年（1796）禅位于皇十五子颙琰，退位后又以太上皇的身份执政3年，直至嘉庆四年（1799），在位60年（1736—1795），而实际统治时间长达63年。乾隆朝历经康熙、雍正两朝的积淀，政权巩固，经济富足。乾隆帝承袭圣祖、世宗余荫，励精图治，使清王朝进入了鼎盛的时期。他自号"十全老人"，不但在文治武功与国家版图上追求十全，在艺术品味上也强调多元和尽善尽美，对艺术品的收藏和制作显示出广纳四海的恢宏气度。乾隆长达89年的人生历程，60余年的执政生涯，使他在执掌清王朝的同时，有充分的时间来塑造他那金碧辉煌的艺术文化王国。

乾隆帝天资聪颖，童年获得皇祖康熙、皇父雍正的用心栽培。自幼在接受完整儒家教育的同时，学习满族、汉族、蒙古族、藏族多元文化，为他深厚的学养扎下了坚实的基础。乾隆帝拥有丰富的皇室收

---

1 中国第一历史档案馆、香港中文大学文物馆编：《清宫内务府造办处档案总汇》卷七，人民出版社，2005年版，767页。
2 中国第一历史档案馆、香港中文大学文物馆编：《清宫内务府造办处档案总汇》卷七，人民出版社，2005年版，767页。
3 余佩瑾主编：《得佳趣：乾隆皇帝的陶瓷品味》，台北故宫博物院，2012年版，36页。

藏，在皇祖、皇父、帝师的启迪下，在藏传佛教大喇嘛、博学多才的词臣、中外宫廷画师、能工巧匠的影响下，培养和提升了他对各类艺术品的鉴赏力和创作力。六次南巡，深入江南，十全武功，开疆拓土，西风东渐，万国来朝，这些积淀丰富了他的人生阅历，开拓了他的视野，造就了他丰富多元的艺术品味。乾隆帝是集锦式的收藏家，大到江南、塞北乃至西洋的各式建筑园林，小到历朝传世奇珍和世界各地所制的艺术精品，凡是他喜爱的东西千方百计收入宫中或在宫苑中仿建。从史前时代的遗存到当朝所制的器物，从中国制作的艺术品到西方进口的洋货，无所不纳。宫中的收藏贯穿古今、跨越中外，无论品种还是数量，都为历代皇室收藏之首。

　　面对这些或前朝遗留，或多方访求所得，或精心制作的艺术珍品，乾隆帝不厌其烦地对藏品的真伪、年代、质量全面拣选，划分等级，择优收藏并配匣盛装，指定收藏地点。在鉴赏把玩之时，他每每有感而发，咏诗撰文，或赞叹，或考释，或借物思古，抒发自己的尚古情怀和鉴赏心得，有的还命工匠题刻其上。鉴赏之余，乾隆帝在中外的资深画师、造办处工匠和博学多闻的词臣等各类专家的协助下，以皇室之力对宫中所贮各类藏品，进行品评记录、整理编目，使其得以有序流传和更好地保存。经过他重新整合的收藏有：将古今各类文物组合成"百什件"；康雍乾三朝画珐琅和乾隆洋彩配匣集中收藏于紫禁城端凝殿和圆明园镂月开云；铜器、瓷器等精品放入"多宝格"中；西洋文物和艺术品集中于长春园西洋楼……《四库全书》是乾隆征访天下书籍，集中了大量的人力、物力、财力纂修而成的一部文化巨著，几乎囊括了乾隆朝之前中国历史上的主要典籍，是当时中国乃至世界上绝无仅有的鸿篇巨制。《秘殿珠林》著录了清宫所藏自晋唐至清代书画中佛、道题材的书画。《石渠宝笈》前后三编，历经乾隆、嘉庆两朝，收录了清宫所藏除《秘殿珠林》所收藏品之外的，唐宋至当朝的历代书画、碑帖作品。该书以宫中收藏地点为序，逐件鉴赏，记载材质、尺寸、款识、收藏印记，题跋及乾隆题字，内府印玺。将内府储藏的古青铜器精绘形制，传摹款识，陆续编辑了《西清古鉴》《宁寿鉴古》等图录。乾隆帝还曾亲选宫内所藏的顶级瓷器，命人绘成彩图，并亲题御制诗，辑录了《精陶韫古》《陶瓷谱册》《埏埴流光》和《燔功彰色》等陶瓷图册。图册与画中陶瓷存放在一个木匣中，图册即是这组瓷器的收藏图录。圆明园奉三无私、淳化轩等处也曾收藏过这样的铜器、瓷器木匣和册页。[1] 他还组织摹刻了《三希堂法帖》《钦定重刻淳化阁帖》《兰亭八柱帖》等名帖，集中收录了我国历代书法精华，为后世临摹的范本。乾隆帝对清宫累世收藏的统计整理、归纳编目，成果丰富并流传至今。

乾隆帝在收集整理宫廷收藏的同时，还以帝王之尊，以其收藏鉴赏的功力和自身丰富的知识为后盾，亲自监造、创制宫廷器物。造办处奉旨所造的各类器物颇具传统文化底蕴和内涵，不但可直追汉唐，与古代艺术品媲美，并试图广纳18世纪多元的中外元素。乾隆朝宫廷器物杂糅了文人典雅的艺术品位和帝王夸耀伟业的心理，博古今、容异域，呈现出多元集锦式的艺术品位。作为一位杰出的君主，乾隆帝尽管一生悠游在文化艺海之中，但并未玩物丧志，心中时刻以政事为念。他将古物的鉴赏，艺术品的制作，与为君、处事之道相联系。无论是将玉器比君子之德，还是追溯舜陶于河滨的典故，都是以古代圣王和君子为楷模，以德治理天下。他在观赏钟鼎彝器之时，仿佛面对古代圣王之治。

---

1 中国第一历史档案馆、香港中文大学文物馆编：《清宫内务府造办处档案总汇》卷四十九，人民出版社，2005年版，329页。

乾隆帝有至高无上的权力和足够的财力去网罗天下奇珍异宝，制造他想要的艺术品。这些珍宝分置于紫禁城和各处皇家宫苑。圆明园虽然始于康熙朝，但经乾隆朝大规模的扩建，才能最终形成了三园格局。乾隆帝对圆明园宫殿的室内装修和陈设收藏极为重视。室内布置着与建筑等级、功能相符的陈设，一座座库房中，堆满了大量历代古董珍玩和各式各样的当朝所制的宫廷用器。而且圆明园中多处布置有与紫禁城相同的收藏。

乾隆帝将清宫廷的收藏和陈设推到了历代皇室收藏顶峰。他归政之初即下旨："朕御宇六十年来，国家升平昌阜，大内存贮，珍物骈罗，即佛像亦无可供奉之处。而嗣皇帝方当以简朴为天下先，原不宜贵奇异奢华之物。"[1]可知此时皇家宫苑内存贮珍奇宝物甚丰，并且他认为日后不必再额外增添陈设。此时在乾隆朝璀璨瑰丽的外表下，已蕴含了败亡的种子。正是他的穷奢极欲、好大喜功使此后国库日渐空虚，国势江河日下，内乱外患不断。加之日后的主政者崇尚俭朴，而且也正如乾隆帝所说，内廷数百年间已积累大量珍奇器物，确实无力也不需要再积极聚敛、制作珍玩陈设。

（三）园内的园林环境和建筑空间适合文物的收藏和陈设

无论是雍正帝《御制圆明园记》中所说的"林皋清淑，波淀渟泓""槛花堤树，不灌溉而滋荣；巢鸟池鱼，乐飞潜而自集"，还是乾隆帝《御制圆明园后记》中所讲的"规模之宏敞，邱壑之幽深，风土草木之清佳，高楼邃室之具备，亦可称观止"，都说明了圆明园是一处绝佳的"帝王临朝视政之暇必有游观旷览之地"[2]。虽历来皇帝大都标榜

---

[1]（清）庆桂等编：《国朝宫室续编》卷七十一，北京古籍出版社，1994年版，651页。
[2]（清）于敏中等编：《日下旧闻考》卷八十，北京古籍出版社，2001年版，1321~1323页。

日理万机,辛勤劳累,竭力避讳游山玩水和风花雪月,但园中叠山耸翠、清波潋滟、青松翠柏、繁花修竹间点缀着亭台楼阁,居于其中的确可以养性陶情。明代大画家董其昌在《骨董十三说》中曾说:"骨董非草草可玩也,宜先治幽轩邃室,虽在城市,有山林之致,列而玩之。"[1]圆明园正是这样一处文人士大夫理想中的燕居游乐、修身养性、远离尘嚣的世外桃源,适合清帝在这里"展经史,阅书画,陈鼎彝"。

我们现在所称的圆明园文物不仅包括收藏于圆明园中的历朝古董珍玩,还包括清廷造办处制作的,曾陈设于园内各座殿堂内外,供皇帝和皇室成员使用的一切器物和用具。

乾隆认为圆明园"规模之宏敞,邱壑之幽深,风土草木之清佳,高楼邃室之具备,亦可称观止。实天宝地灵之区,帝王豫游之地,无以踰此"。圆明园在乾隆九年(1744)时虽有四十景之称,而实际是园中有园,景中有景。据乾隆中后叶编纂的《日下旧闻考》记载,当时圆明园、长春园中,有命名的景区、景点及建筑物,已有420多处。经过不断的扩建,鼎盛时期园内由康熙、雍正、乾隆、嘉庆诸帝引经据典、冠以佳名的主要建筑800余座,各处悬挂的内檐、外檐的匾额1000余面。圆明园面积广阔、建筑众多,而且是清帝避喧听政、游赏常居之所。圆明园至高无上的地位决定了收藏于内、摆放于外的器物、陈设必然种类丰富、数量众多,代表了当时的最高水平。

陈设之于殿堂,犹如内脏之于躯体,关系密切,不可分割。紫禁城中的建筑虽壮丽辉煌,但宫内无自然山水和变化的地貌可利用,面积局促,又严格受礼制的束缚。与其相比,圆明园中的建筑更为灵动、活泼,或仿江南名胜,或按前人诗画意境,或照想象中的仙山琼岛,建成各种不同类型、不同情调,理政、寝居、宗教、藏书、观戏、

---

[1] (明)董其昌著:《骨董十三说》八说,中华书局,2012年版,162页。

图10 清圆明园万方安和烫样（现藏北京故宫博物院）

游赏等不同功能的风景群。既有高大弘敞的朝仪场所，也有舒适私密的居住空间，还有为敬神祈福而设的静谧佛堂，以满足皇家日常生活的各种需要。宫室内空间分隔保存传统又不墨守成规，注重日常生活起居的舒适性，变化巧妙。有的宫殿设东西暖阁并以多宝格、落地罩、碧纱橱进行空间分割（图10），有的还设计有仙楼，使殿内空间扩大，使用面积增加，居住方便舒适，更有利于物品的收藏和陈设。

圆明园的收藏和陈设与皇帝的起居活动密切相关，符合皇家标准和皇帝的品位。很多殿宇室内装修、家具陈设从设计选材到制作安装，皇帝常常亲自过问，并不断修改，直至皇帝满意。不仅满足审美、使用的需要，而且颜色、花纹、造型、尺寸全面考虑，与室内环境和谐统一，恰到好处。

二、鼎盛时期的收藏和陈设

康乾盛世国势鼎盛，国库充裕，皇帝精于鉴赏，对商周之青铜器，唐宋元明之瓷、玉、书画等各类文玩乃至西洋器物都有收藏。在继承明代内府所藏的基础上，又通过王公大臣、外藩首领及外国使者进献、皇室出资购买，臣民获罪抄家所获，以及造办处制作等渠道，使数量众多、品类丰富、无所不有的八方珍宝，源源不断地进入内府。圆明园中陈设和收藏除了上述罗列的获取方式，还包括从紫禁城或其他宫苑中调拨来的器物。

（一）盛时园中的收藏和陈设堪称世所罕见

圆明园是一座百科全书式的园林，从宫殿、园林建筑到其中的陈设、收藏无不集千年传统文化之大成。清宫《陈设档》为内廷清点紫禁城及其他各处宫殿收藏陈设所立的明细账册。各殿堂陈设一般造册二份：一份存放于各殿堂，一份送交内务府以备查点、稽核。园中历代古玩之珍，诸般陈设之精都堪称世所罕见，但由于圆明园《陈设档》尚未发现，收藏其中的陈设数量和摆放情况，没有非常明确的记载。只能通过存世文物和清宫造办处《活计档》以及到过圆明园的西方人的书信、回忆录中的一些零星记载，了解圆明园收藏和陈设的昔日辉煌。

据《清朝野史大观》记载："西直门外，畅春园稍北，为圆明园。其间水木清华，鱼鸟翔泳，景至幽适。道咸之时，上常驻跸园中，表以虚堂累榭，饰以怪石奇花，古今稀世之珍，充斥其中，莫可指数。有曾入是园者，为言彼经过仅全园三分之一，而所见珍物已几于目眩神迷，舌挢不能下矣。据所见仅玉器一类有四方玉花瓶一，高十四五寸，色白逾乳，雕刻人物极精细，疑非人工所为。有玉盘一，径二尺许，上连冬菘一本，叶绿根白，大与真者无异。有珊瑚数棵，高等身，粗如儿臂，红润照人眼，光灼灼不可逼视。有碧玉甜瓜一，蒂叶皆具，瓜上一蚱蜢，苍头碧翅，作摇摇欲越势，色皆天然。外此若玛瑙之碗，水晶之壶，琥珀之杯，质美而镂工，多人间罕见物云。"[1] 昔日圆明园中是否有这些奇珍已不得而知，但现藏法国枫丹白露宫被法军掠走的

---

[1] 小横香室主人撰：《清朝野史大观》卷二，河北人民出版社，1997年版，129页。

圆明园文物中确有质美的水晶瓶（图11），红润的珊瑚狮子（图12）和许多色白逾乳、雕刻精细的玉器，有的玉器上还留存着写有园内殿宇名的黄签（图13）。可见此言虽为野史，却并非空穴来风。按照清朝制度，对各处宫殿内部的陈设物品，每年由内臣拣派司员查核一次，每遇五年奏请皇上钦派总管内务府大臣一员复查。道光十五年十一月大臣奕纪奉旨清查宫内及圆明园库贮物件情况，据清单显示：头等、二等瓷瓶、炉、碗、盘、碟等器一项共773款：宫内存402件，圆明园存371件。头等、二等玉砚、笔洗、墨床、玉炉等器一项共501件：宫内存148件，圆明园存353件……[1] 圆明园的收藏陈设情况由此可见一斑。

再以图书和书画收藏为例。中国历代皇室都有藏书之举，清代皇家藏书备受重视。清王朝建立后，统治者提倡教化宣导，赓续文化。为保存历代典籍，传承文化，沿袭汉、唐以来皇室收藏典籍的传统，广征天下遗书。至乾

图11 白水晶瓶（现藏法国枫丹白露宫）

图12 红珊瑚狮子（现藏法国枫丹白露宫）

图13 白玉盘（现藏法国枫丹白露宫）

---

[1] 中国第一历史档案馆编：《圆明园》上册，上海古籍出版社，1991年版，516～535页。

隆朝，清宫大内、皇家园囿、帝王行宫等处的藏书颇丰。"内廷北四阁"之一的圆明园文源阁收藏有《古今图书集成》和《四库全书》等书籍，含经堂的霞翥楼收藏有《四库全书荟要》。如此卷帙浩繁的图书收藏除紫禁城以外是独一无二的。

《古今图书集成》是现存最大的综合性类书。清著名学者陈梦雷等初纂，蒋廷锡等续纂，始编于康熙三十九年（1700），完成于雍正三年（1725），雍正四年（1726）雍正帝御制序文，并于雍正六年（1728）排印成书。全书共计一万余卷，分为历象、方舆、明伦、博物、理学和经济六汇编，几乎囊括了雍正朝之前我国古代社会各个门类的知识，图文并茂。全书征引各类古书约二万五千余卷，保存中国历代典籍中浩瀚的智慧，堪称当时世界上最大部头的百科全书。在七座收藏四库全书的藏书楼中，只有紫禁城文渊阁、圆明园文源阁和承德避暑山庄文津阁同时收藏有《古今图书集成》。乾隆在乾隆四十一年（1776）作《题文源阁》诗注中说："我皇祖《古今图书集成》凡一万卷。虽无《永乐大典》之多，而考核精当，不似彼限韵割裂。因于文渊、文源、文津三阁各贮一部。"[1]

《四库全书》的编修是清乾隆帝发起实施的纪念碑式的国家文化工程。它是中国古代规模最大的丛书。前后共抄录七部，分贮于专门建造的七座藏书阁中。全书分经、史、子、集四部，故名"四库"，收书三千四百余种，共计三万六千余册。乾隆三十七年（1772）正月，乾隆帝命各省采进天下遗书及本朝著作。次年开四库全书馆，至乾隆四十六年（1781），紫禁城文渊阁本告竣；乾隆四十七年（1782），热河避暑山庄文津阁本告竣；乾隆四十八年（1783），圆明园文源阁本告

---

[1]（清）弘历著，故宫博物院编：《清高宗御制诗》四集卷三十三，海南出版社，2000年版，12册110页。

竣；乾隆四十九年（1784），沈阳盛京文溯阁本告竣，此为"北四阁"。乾隆四十七年（1782）七月，命四库馆再缮写三份，分贮扬州文汇阁、杭州文澜阁和镇江文宗阁，为"南三阁"。《四库全书》书面用四色丝绢装裱：经部书用绿色绢，史部书用红色绢，子部书用黄色绢，集部书用灰色绢，分别贮于楠木书匣中，再置于书架上，十分考究。

乾隆三十八年（1773），《四库全书》修纂之时，乾隆已届63岁高龄，念及《四库全书》卷帙浩繁，恐不能亲睹其成，命大臣于全书中撷取精华，缮为《四库全书荟要》。《四库全书荟要》修纂的目的是供皇帝私人检索，所以仅缮成两部：一部藏于紫禁城御花园之摛藻堂，民国年间为避敌南迁，现藏台北故宫博物院。另一部置于圆明园含经堂的味腴书屋，咸丰十年（1860）被英法联军焚毁。《荟要》装潢和《四库全书》近似，但所用纸质、封面绢布、红木函匣更为考究，且检索方便。按照清宫惯例，凡是皇帝处理政务、日常起居、读书休闲之处，皇子、后妃起居生活的宫殿，都收藏有大量图书。昔日，汇芳书院、味腴书屋等藏书处所遍及御园。圆明园图书典籍收藏之丰富可想而知。

满族统治者入主中原以后，帝王及皇室吸纳了博大精深的中原文化，并为其深深吸引。康雍乾三帝皆擅书法丹青，且酷爱相关的鉴赏活动。至乾隆朝，种类众多，数量庞大，历朝积累和不断搜集的古代、当代名家作品集于内府。圆明园中很多宫殿都是乾隆为收藏书画藏品而专门命名的，可称为乾隆的"书画特展室"。长春园狮子林的清閟阁，阁名取自"元四家"之一的倪瓒的清閟阁。倪瓒（1301—1374），字元镇，无锡人。他擅长诗文、书法和绘画。其画风对明清文人水墨山水画影响很大。后人把他和黄公望、吴镇、王蒙并称为"元四家"。倪瓒喜收藏，广罗书画名迹藏于无锡家中的"清閟阁"。狮子林清閟阁收贮有乾隆精选的倪瓒的六幅书画真迹。含经堂淳化轩藏有被誉为"诸帖之祖"

的宋拓《淳化阁帖》毕士安本，两侧回廊中嵌144件乾隆《钦定重刻淳化阁帖》帖石。不仅如此，根据书画上钤盖的"淳化轩图书珍秘宝"及"淳化轩"印可知，淳化轩中收藏的历代书画珍品还有：钱选的《浮玉山居图》、赵孟頫的《人骑图》、郭畀的《雪竹图》、朱德润的《秀野轩图》及王蒙的《夏日山居图》等画作。以及传为魏钟繇的《荐季直表》墨迹，唐颜真卿的《自书告身帖》墨迹，宋苏轼、米芾、王诜等人的诗帖，均为稀世墨宝。乾嘉时期圆明园九州清晏有一处景点名"池上居"，乾隆"每于夏月间憩此"。这里也是乾隆临幸御园时收贮明代书画家董其昌所品题《名画大观》及宋、元、明真迹之处，因董其昌旧有"画禅室"，乾隆帝即借其名为此室命名。乾隆帝于乾隆四十四年（1779）作《题画禅室》和乾隆四十八年（1783）作《初夏池上居》。从诗文及诗注内容中所记，这里不仅因集董其昌旧藏而以他的书斋"画禅室"命名，而且"凡荟珍册较其昌所藏更多"，"弗让其大观"。乾隆的"画禅室"集历代名家画作：唐五代的王维、周昉、黄筌，宋朝的苏轼、李公麟和"南宋四家"中的李唐、马远，元朝的赵孟頫、赵雍、盛懋、曹知白和"元四家"中的倪瓒、黄公望。这样宏富的收藏也只有以皇家之力，在乾隆这位"文人"天子的搜罗下才能聚齐。据《国朝宫史续编》载，紫禁城内廷咸福宫后殿西室，高宗纯皇帝御笔匾"画禅室"。《石渠宝笈》卷内著录这里所贮有王维的《雪溪图》、米友仁的《潇湘白云图》等都是董其昌画禅室的旧藏，室因此而得名。乾隆在诗注中也说："宫中画禅室所弄董其昌名画大观册，及黄公望山居图，米友仁潇湘图、李唐江山小景，宋元明真迹册，又予新集唐五代宋元王维、周舫等画帧，凡幸圆明园则携来以贮此室。"可见九州清晏画禅室是这些历代法书名画在圆明园中的收藏地。乾隆在这里过着"有暇便看古书画"的闲适生活。

题画禅室[1]

己巳池上居，清暇消夏暑。

画禅学香光，名迹收其五。

（己巳夏于池上居，聚董其昌所评之名画大观册，及黄公望山居图，虞世南临兰亭帖与江参、米友仁各真迹，并弆之。而颜其室曰画禅，即仿香光意也。）

逮今三十年，一瞬光阴数。

又复得其二，三朝册集古。

（室中续贮一册皆宋元明真迹，其一则李唐江山小景长卷，皆香光所评品也。）

江山小景卷，李唐真迹睹。

名画荟珍帧，（甲申集旧人真迹，唐五代则王维、周昉、黄荃三人；宋则苏轼、李公麟、李唐、马远四人；元则赵孟𫖯、赵雍、倪瓒、盛懋、曹知白五人，凡十二帧，题曰名画汇珍。）

则我新所聚。

弗让其大观，（荟珍册较其昌所藏更多，彼一唐人余皆名人真迹，亦无让大观册也。）

唐画乃双取。

都弆一檀匣，新旧各分部。

同为无上珍，短什识罗缕。

初夏池上居[2]

凭窗近可俯澄波，池上居佳绝胜他。

---

[1]（清）弘历著，故宫博物院编：《清高宗御制诗》四集卷六十一，海南出版社，2000年版，13册139页。

[2]（清）弘历著，故宫博物院编：《清高宗御制诗》四集卷九十七，海南出版社，2000年版，14册255页。

有暇便看古书画，(室内别颜曰画禅，宫中画禅室所弆董其昌名画大观册及黄公望山居图，米友仁潇湘图、李唐江山小景，宋元明真迹册，又予新集唐五代宋元王维、周昉等画帧，凡幸圆明园则携来以贮此室。)

无愁以对节清和。

田间过雨十日逮，(自三月廿七日得透雨后四月初七日复得微雨越今又几及旬矣。)

壁上题诗卅首多。(四壁题诗多望雨望晴之作，无非祁年之意也。)

益善惟希膏继霈，阴晴又问夜如何。

乾隆时期开始鉴别、整理清代开国以来四朝与书画有关的收藏，编成《秘殿珠林》《石渠宝笈》等大型书画著录，可称"清内府书画收藏总账"。《石渠宝笈》是清乾隆、嘉庆间宫廷书画著录书，共有三编，初编成书于乾隆十年（1745），共44卷；续编成书于乾隆五十八年（1793），共40卷；三编成书于嘉庆二十一年（1816），共二十八函，120册。书中收录了清朝宫廷所藏五帝御笔、历朝书画、本朝书画以及少量的碑帖和织绣作品近万件。其编纂者对书中所收录书画的收藏位置做了详细的记录，遍及紫禁城、西苑、圆明园、静宜园、清漪园及避暑山庄、静寄山庄等处。《石渠宝笈》中所载的历代书画收藏于圆明园淳化轩、狮子林、谐奇趣、秀清村、九州清晏、鉴园、思永斋、同乐园、画禅室、玉玲珑馆等63处殿宇中。其中比较有传奇色彩的是收藏于淳化轩中的六幅书画作品。咸丰十年（1860），清廷虽对英法联军掠夺、焚毁圆明园的行为束手无策，却在不断派兵缉拿土匪，严格清查、追缴国人所得的御园之物。先后派贝子绵勋带兵一千名，内务府大臣文祥调集圆明园八旗、包衣三旗及巡捕营官兵在圆明园及周边弹压、剿灭土匪。英法联军退出后，清廷立即开展大规模的清查运动，缉拿抢劫御园文物的人员，收缴在此次劫难中流散的皇家器物。咸丰十年（1860）八月至次年（1861）九月，胜保将军先后六次对圆明园八旗各营房，圆明园周围海淀、安河桥、六郎庄、北沙润、唐家岭、昌平等地区进行逐户的大搜查，共搜出御园禁物一千余件。档案中所记器物，因名称比较笼统或与现代命名有出入，很难与现存器物相对照，但有些是能够与传世品相对应的，例如其中手卷六幅：高宗纯皇帝御题《王诜诗词帖》（现名为《王诜行草书自书诗卷》，现藏北京故宫博物院）、钱选《山居图》、钱选《陶潜归去来辞图》（现藏美国大都会博物馆）、钱维城《仙庄秋月》（1961年沈阳故宫博物院征集，现藏沈阳故宫博物院）（图14）、郭畀《墨竹》、朱德润《秀野轩图》（现藏北京故宫博物

图14　清钱维城《仙庄秋月》图卷（摘自《紫气东来：沈阳故宫博物院藏绘画研究》）

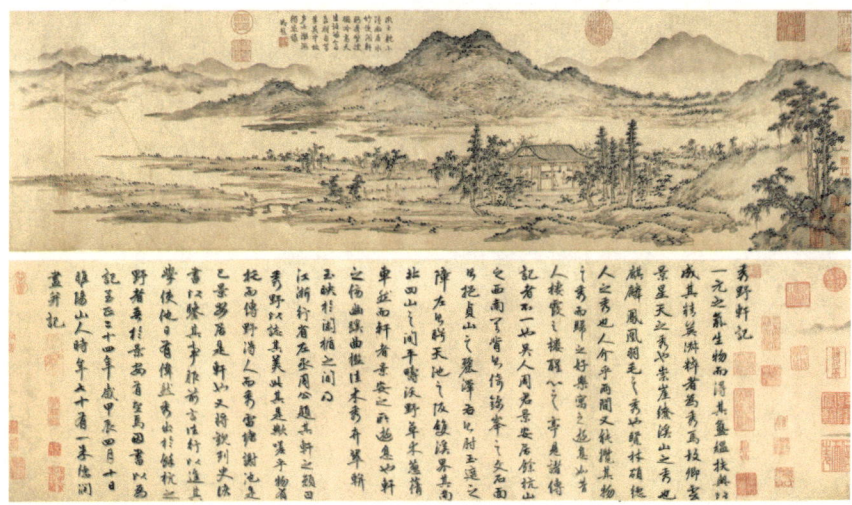

图15　元朱德润《秀野轩》图卷（摘自《考鉴品藏左图右史——石渠宝笈编纂要述》）

院)(图15)¹。这六幅书画作品都在《石渠宝笈续编》中收录，收藏于长春园淳化轩中，历经劫难，终得保全，重归内府。

圆明园中各院落、殿宇陈设收藏的器物种类，根据建筑功能的不同而各有其侧重，虽名曰陈设，实际也是陈设式库房。圆明园四十景之一的方壶胜境收藏有佛塔32座，佛龛180座，大小佛像2000余尊。清宫"六品佛楼"之一的含经堂梵香楼内不仅供奉众多的佛像、佛经。而且其中金、银、铜、玻璃、紫檀、珐琅制成的六座佛塔，在体量和用料价值上是清宫八座"六品佛楼"中空前绝后的。

盛时圆明园中不仅收藏有商周之铜器，唐宋元明之瓷玉书画等大量历代古董彝器，而且由于清帝和皇室成员每年大部分时间在此居住，因此园中的每座宫殿都有特制的华丽典雅的家具陈设，库房中储藏了供皇室成员使用的各种精致用具。清宫廷对御用器和皇室物品的保管十分重视。由掌管"宫禁"事务的内务府总管，分储内务府库房和各个殿阁。紫禁城内设有银、皮、缎、衣、茶、瓷六库。奉宸苑设于康熙二十三年（1684），是掌管景山、西苑三海、南苑、万寿寺、长河行宫、天坛斋宫等20多处皇家园林、寺庙的机构。圆明园因不同于一般宫苑，不属奉宸苑²，自雍正起另设总管大臣管理，下设银库、器皿库、活计库、木厂、观行房、销算房、督催所等，负责管理园中财务、修建、贮藏、陈设等事务。档案记载圆明园与紫禁城一样设有专门贮藏各类、各等级文物的库房。如造办处档案所记："乾隆七年十一月初九日，首领开其里交均釉纸槌瓶一件，均釉双耳纸槌瓶一件，霁青胆瓶一件，洋彩橄榄瓶一件，洋彩观音瓶一对，以上俱系头等。釉里红龙宝月瓶一对，汝窑描金五彩胆瓶一件，以上俱系二等。传旨，着送往圆明园交司房

---

1 中国第一历史档案馆编：《圆明园》上册，上海古籍出版社，1991年版，577页。
2 奉宸苑，清代内务府所属，管理园囿河道的机构，设立于康熙二十三年（1684）。

按等次入类。"[1]

　　为了更好地保存、维护收藏品，满足陈设、赏玩、装饰的需要，乾隆帝开始有系统地鉴别、整理宫中各类收藏以及时作器物。乾隆帝以皇家之力，对器物品评选定、订立品名，划分等级、刻字作匣。并将自己喜爱的器物陈设于居住或活动较多的殿宇。在紫禁城和圆明园中都建置有相同的典藏。据乾隆朝造办处《活计档》记载，乾隆皇帝在紫禁城收藏各类重要珍玩，尤其是古代书画的主要场所是乾清宫，在圆明园中是九州清晏。"乾隆七年四月十九日，太监高玉等交董其昌临英光楼帖手卷一卷，董其昌书琵琶行册页一册，董其昌书兰亭序，乐志论册页一册。传旨：将册页配囊安签字，手卷匣上着刻字，入九州清晏头等。"次日，"太监高玉等交董其昌书天马赋手卷一卷，随楠木匣。传旨：将匣上刻字，入乾清宫头等"[2]。将康、雍、乾三朝瓷胎画珐琅和乾隆洋彩器物集中收存于紫禁城乾清宫端凝殿左右屋和圆明园镂月开云的御兰芬。

　　乾隆喜欢将玉、铜、瓷等各类古玩和时做器物以及当时的书画作品，再加上东瀛与西洋的器物，合贮在一起。这种集中收贮各类珍玩的器具，在清宫档案中称为"百什件"或"百十件"。百什件集清代宫廷之精华，为皇家收藏的缩影，里面的珍玩，年代纵贯上下五千年，出处横跨东西十万里。百什件设计极具巧思，装潢华丽，内部依据存放物件的形状分隔出大小不同隔层，结构精巧，携带方便，有的还可以旋转变化，暗藏玄机，被今人戏称为皇帝的"玩具箱"。乾隆将不同等级的收藏品分别放在不同的百什件内，常常亲自过问如何存放，

---

[1] 中国第一历史档案馆、香港中文大学文物馆编：《清宫内务府造办处档案总汇》卷十一，人民出版社，2005年版，159页。
[2] 中国第一历史档案馆、香港中文大学文物馆编：《清宫内务府造办处档案总汇》卷十一，人民出版社，2005年版，194页。

藏于何处。圆明园中奉三无私、九州清晏、淳化轩等主要殿宇都收藏有百什件，其中所装文物的种类，乃至为器物配座，乾隆都有明确的旨意。

乾隆三十七年正月二十四日，太监胡世杰交汉玉羚羊一件、汉玉卧虎一件。玉玲珑馆百什件屉内有地方。传旨：着配座。[1]

乾隆三十七年九月二十五日，太监胡世杰交百什件屉一件，内盛洋表二件、白玉狮子一件、白玉莲蓬一件。青花白地盖盒一件，内盛镶米西洋软镯二件、白玉笔一件。百什件屉一件，内盛白玉瑞兽一件。奉三无私百什件。[2]

乾隆三十七年二月初七日，太监胡世杰交百什件屉一件，内盛玻璃套表一件、青玉镶嵌紫檀木黑（墨）床一件。百什件屉一件，内盛镶玛瑙假金刚石米珠套钟一对。淳化轩百什件内。[3]

乾隆三十七年十月二十六日，太监胡世杰交汉玉异兽一件，春雨轩百什件内。传旨：着配一分高烧饼座。[4]

圆明园中最有特色的，是集中收藏了西方各国的艺术品及科学仪器。园中各殿宇内都摆放有西洋陈设，随处可见西洋绘画、钟表、机械玩具、玻璃器等。乾隆五十八年（1793）英王乔治三世派遣使者马

---

[1] 中国第一历史档案馆、香港中文大学文物馆编：《清宫内务府造办处档案总汇》卷三十五，人民出版社，2005年版，98页。
[2] 中国第一历史档案馆、香港中文大学文物馆编：《清宫内务府造办处档案总汇》卷三十五，人民出版社，2005年版，128页。
[3] 中国第一历史档案馆、香港中文大学文物馆编：《清宫内务府造办处档案总汇》卷三十五，人民出版社，2005年版，176页。
[4] 中国第一历史档案馆、香港中文大学文物馆编：《清宫内务府造办处档案总汇》卷三十五，人民出版社，2005年版，135页。

戛尔尼来华,一则为乾隆祝寿,二则欲商谈贸易事宜。他率领庞大使团带着近六百件精心挑选的珍贵礼物来到中国。乾隆帝下旨将其中较大的八件安设在圆明园正大光明殿。英使团回国后,他又令将临时摆放在正大光明殿内的贡品移出,同英国送来的其他礼物一起摆放于圆明园、紫禁城及热河的各处殿堂。存放在圆明园中的有:"远瀛观安设天文大表全分;淳化轩安设地理运转全架;澹怀堂安设天球一件,地球一件;内殿、水法等处收贮小玩器一分;水法收贮瓷器一分,安设玻璃灯一对,气法一分,巧益架一分;水法收贮画幅全副;水法安设西洋船样一只,自行椅一对;器皿库收贮大火镜一分;圆明园内殿贮大毡毯一大箱。"[1] 圆明园中西洋物品的收藏以位于长春园的西洋楼景区最为集中。西洋楼由西洋传教士意大利郎世宁、法国蒋友仁等设计,以意大利巴洛克和法国洛可可风格为主导,融合中国古典园林的艺术特色,具中西合璧的建筑风格。虽面积仅有七万平方米,但"其中集美景佳趣于一处,凡人们所能幻想到的、宏伟而奇特的喷泉应有尽有。其中最大者,可与凡尔赛宫及圣克劳教堂的喷泉并驾齐驱"[2]。其内部的装潢陈设大到匾额,家具小到蜡烛、荷包均为西洋式的。西洋显微镜、西洋射光镜、西洋天体仪、西洋绒狗、西洋婴孩玩意、西洋书本、西洋琴、西洋剑、西洋玛瑙把小刀、小叉、勺,种类无所不包,堪称西洋器物的展览馆。

(二)《内务府造办处各作成作活计清档》的记录

《内务府造办处各作成作活计清档》简称《活计档》,是清宫御用作坊的工作记录。由内务府造办处活计房人员记录皇帝交办活计所下

---

[1] 秦国经、高换婷著:《乾隆皇帝与马戛尔尼》,紫禁城出版社,1998年版,117页。
[2] 张恩荫、杨来运编:《西方人眼中的圆明园》,对外经贸大学出版社,2000年版,3页。

的旨意，及各处奉旨制办活计的来帖等。《活计档》起于雍正元年迄于宣统三年，记录奉旨承办的各项工作，制作承修等事项，详细记录了奉旨日期、交办人职衔、姓名，传旨内容以及所作物品最后由谁领走或进呈。是记载清代宫廷御用器物和书画等物件制作过程最集中、最珍贵的第一手史料。其中关于各类宫廷制品的品名、来源、用料、制作时间、工序、设计者、制作者姓名，和皇帝对器物制作的具体要求、完成后对工匠的奖惩，以及器物收藏陈设地点，都有详细的记载。康熙朝养心殿造办处的档案没有流传下来。雍正即位后，命养心殿造办处设档房管理文书档案工作，使其造办活计的文字记载翔实，手续完备，账簿有序，管理规范，此后这项制度延续了下来。虽平淡无奇，但反映出帝王的嗜好、品位以及皇帝亲自参与设计的宫廷艺术品，是后人研究清朝皇家艺术品不可或缺的重要资料。其中的内容准确而又周详，虽然枯燥，但根据这些流水账式的文字，我们往往可以发现很多鲜为人知的秘密。在这些记载中，皇帝们不再是身着朝服，手拈朝珠，正襟危坐，不苟言笑，而是有血有肉，有喜有怒的鲜活起来。更为重要的是，档案中有很多在器物制作完成后，皇帝命人将其陈设或收藏于某处殿宇的记载。在目前圆明园《陈设档》尚未发现的情况下，这些细节对于研究圆明园收藏和陈设来说，是弥足珍贵的。因此本书引用《活计档》的记载，力图从其中零散的记载间寻找蛛丝马迹，还原最真实的盛时圆明园收藏和陈设情况。

（三）传教士和外国使者的记录

康乾盛世时期，中国经济发展，文化繁荣，社会稳定。这个神秘古老的东方帝国引发了西方人的兴趣，先是传教士，然后是商人，乃至各国使者，纷纷踏上了前往中国的旅程。圆明园是清帝长期理政园居的御园，王公大臣也不得随意入园。正如乾隆朝供奉清廷的西洋传教士蒋友仁所说："此邦即亲王大臣官员人等，亦不得擅入。除皇帝一家而外，惟值演剧或其他欢会，清帝常邀亲藩贵爵等。款待若辈，亦有定所。不许任意行走，亦不能到园中他处。"[1]即便是到了光绪二十二年（1896），圆明园已被英法联军焚毁多年，帝后也已经不在此居住了，朝廷重臣李鸿章因擅入圆明园游览，还受到罚俸一年的处分。这里是皇族以外的普通人难以进入的禁地，而一些金发碧眼的西洋人却因为各种原因得以行走于宫苑禁地，一窥圆明园的风光，在他们生前写下的书信、回忆录中留下种种见闻。

康、雍、乾三帝对各种西洋工艺品显示出极大的兴趣，因此郎世宁、蒋友仁、王致诚等一些西方传教士为了"谋教务之发展"，以技艺在清廷供职。他们按皇帝的旨意在园中作画和制造各种器物并设计监造了著名的长春园西洋楼。正如王致诚所说："犹幸我稍习绘事，故得身厕其间，否则亦如其他欧西人在华二三十年以上，未获一窥堂奥耳。欧西人中，惟画家及治钟表者，得赴园内各处。交绘之件，移来此室。若不能移动。则宫监领赴其地为之。不特监视其严，且须疾趋轻步以行，不能稍作声也。余得睹园中景物，又得入各处殿庭，皆由于此。"[2]通过他们与国内亲友往来的信函，我们可以了解圆明园昔日收藏和陈设的盛况，虽片鳞只爪，却可拾遗补阙。

> 殿内之陈设，若桌椅，若装修，若字画，以至贵重木器，中日漆器，古瓷瓶碗，绸缎织锦诸品，可云无美不备。盖天产之富，

---

[1] ［法］蒋友仁著，欧阳采薇译：《圆明园纪事书札（二）》，载舒牧等编《圆明园资料集》，书目文献出版社，1984年版，94页。
[2] ［法］王致诚著，欧阳采薇译：《圆明园纪事书札（一）》，载舒牧等编《圆明园资料集》，书目文献出版社，1984年版，91页。

与人工之巧并萃于是也。(王致诚致巴黎达索先生的函,1743.11.1于北京。)

——《王致诚书札》[1]

清帝及其宫眷妃嫔所居宫殿,占地甚广,其内积聚天下四方所珍视而难得之物。

——《蒋友仁书信》[2]

乾隆十八年(1753),葡萄牙国王遣使者巴哲格在圆明园觐见乾隆,并游览了西洋楼。据《乾隆十八年葡使来华纪实》记载:"钦差(巴哲格)未来之先。万岁对西老爷(指在造办处从事钟表和机械制作的法国传教士席澄源)说过好几次,你们快快完西洋房子,你们西洋大人来了,我叫他看我西洋房子里的陈设,都是大西洋很好的东西,又有好些都是西老爷做的,很巧妙的玩意摆设。""富公爷带钦差去看西洋房子,很美很好的,照罗马样子盖的。内里的陈设都是西洋来的,或照西洋样子做的。富公爷问钦差:西洋见过没? 他说:有好些没有见过,因为内里的东西很多都是头等的。"[3] 这里所说的西洋房子指的就是圆明园西洋楼,其中的西洋陈设连葡萄牙使者都认为是头等的。英使马戛尔尼在回国后描述承德避暑山庄内的西洋陈设时也曾与圆明园中的陈设对比:"那些地球仪、天体运行仪、钟表、音乐自动机之类,工艺之精美,数量之丰富,使我们的礼品相形失色。可是我却被告知说,我

---

1 [法]王致诚著,欧阳采薇译:《圆明园纪事书札(一)》,载舒牧等编《圆明园资料集》,书目文献出版社,1984年版,87页。
2 [法]蒋友仁著,欧阳采薇译:《圆明园纪事书札(二)》,载舒牧等编《圆明园资料集》,书目文献出版社,1984年版,94页。
3 阎宗临著:《中西交通史》,广西师范大学出版社,2007年版,657页。

们所见到的远不如圆明园中所藏的欧洲物品高级。"[1]

（四）焚毁圆明园的英法联军笔下的园中收藏和陈设

1860年英法联军既毁灭了圆明园这个世界的奇迹，也用他们的笔记录下让他们目瞪口呆的圆明园辉煌的盛景。

> 第一批进入圆明园的人以为是到了一座博物馆，而不是什么居住场所。因为摆在架子上的那些东方玉器、金器、银器还有漆器，不论是材料还是造型都是那么珍稀罕见，简直就像欧洲的博物馆。
> ——法国海军上尉帕吕[2]

这座人间仙邸精美绝伦，豪华奢侈到了极致，几乎难以言喻。万般事务，这里应有尽有，除了中国的艺术品，还有大量欧洲艺术品，特别是珠宝和首饰：有手表、挂钟，还有中国人非常喜欢的音乐钟等。

一支小分队又进入了另一处由双层围墙围起来的地方：又是些公园、湖泊、水渠、宫殿，看上去就像圣克劳德和凡尔赛宫的混合体。事实上，这是另一个系列的路易十四、十五风格的宫殿群，现在这里似乎已经被遗弃了，但皇帝曾经特别偏爱这里。建筑装饰完全按照法国的样式建造而成，装潢和家具，来自哥布林地毯厂的地毯，圣格本产的镜子，吊灯，烛台，座钟，油画，其中一幅描绘的是亨利四世在九桥上——这一切是上世纪的法国风

---

1 [英] 约翰·巴罗著：《我看乾隆盛世》，北京图书馆出版社，2007年版，95页。
2 [法] 帕吕著，谢洁莹译：《远征中国纪行》，中西书局，2010年版，127页。

格。我们甚至感觉似乎已经身处巴黎。

——法国随军医生阿道尔夫·阿尔芒[1]

主殿里摆放着很多价值连城的玉石，上面的雕刻细致入微。还有华美的中国古代双耳缸，珐琅、青铜器，很多很多漂亮钟表，其中许多是马戛尔尼勋爵和其他国家使节赠送的礼品。在靠近主殿的房子里有两门榴弹炮，产地是伍尔维奇，也是由马戛尔尼勋爵赠送给皇帝的。这些东西从来没有使用过，显然是作为珍品而收藏的，后来都被送回伍尔维奇，只有一个房间原封不动，蒙托邦将军告诉我，他把这个房间放得下的宝物都收藏了起来，以便英法两军平分。房间的墙都用玉石和各种各样的装饰品点缀。

——英国远征军总司令霍普·格兰特[2]

我们不得不放弃描绘这些套房里的物品。再多的词汇都不够修饰这些实体的艺术珍宝。然而，参观者到这里所看到的一切仅仅是整个宫殿奇景中一个微不足道的缩影，这简直就是《一千零一夜》中的场景，就是仙境，即便是拥有再丰富的想象我们也无法想象这样的情景，它触手可及。

——法国军队地形测绘部主任杜潘（化名瓦兰·保罗）[3]

你可以看见鳞次栉比的院落和宫殿，仿佛进入迷宫一样，里面到处是古玩、绸缎和各种货物的库藏。

---

1 [法]阿道尔夫·阿尔芒著，许方、赵爽爽译：《出征中国和交趾支那来信》，中西书局，2010年版，326、327页。
2 [英]霍普·格兰特、诺利斯著，陈洁华译：《格兰特私人日记选》，中西书局，2010年版，51页。
3 [法]瓦兰·保罗著，孙一先、安康译：《远征中国》，中西书局，2010年版，145页。

庭院的对面有一间更宽大的屋子，五十英尺见方，砌着大理石，布置的样式大同小异。周围的桌子和茶几上，摆满了最精美的花瓶和杯盏，还有漂亮的景泰蓝、磁器和珐琅器，镀金和纯金的钟，有几个是法国制造的。房子的后面却有无数的小院落，其中四面都是储藏室，装满了一箱一箱的皮货、磁器和绣花的衣鞋。

还有一些大屋子，四周有隔成一格一格的架子，每个格子里都安放着一些中国艺术品，如景泰蓝、青铜器和磁器。有些可能是上个世纪英国使臣贡献的珍贵礼物，也就是"蛮夷"的古董，还有些可能是由俄国转运过来的法国货。标签上不仅记载了物品的年代和来源，而且在室内安放的位置也都有详细的记录。

——英国随军牧师麦吉[1]

在皇后住处，房间的墙壁上、走廊上，从高到低都配有格架，在上上下下的格架上，摆着用传统的北京漆漆成的红色盒子，它们是雕刻中的奇观。里面放置珍珠、碧玉、宝石做的首饰、项链、手镯，女人们纤指上戴的精巧的戒指，以及男人们戴在大拇指道行用来拉弓的大玉环。除了上述各种首饰的架子，还有一些架子上塞满了各种艺术品：有用各种珍稀材料做的，有独一无二的透明玉石做的，有天然水晶做的，有白玉做的，有晶体做的，有粗金刚石做的，有尚未打磨的宝石做的，还塞满了一些茶具、杯子、碟子。

这就是皇家藏书阁。它的黄色琉璃瓦屋顶，跟御座厅的屋檐相似，上面也有黑色彩陶巨龙，它们仿佛正在追赶其他什么怪物。这座建筑有12米高，10米宽，40米长。厅内各处墙壁上都是书架，

---

[1] [英]麦吉著，叶红卫、江先发译：《我们如何进入北京——1860年在中国战役的记述》，中西书局，2010年版，135、138、139页。

上面摆满了极为罕见，极为古老的手稿。此外，大厅内还有供勤奋的来访者使用的桌椅，还有两座小祭台，一座在北，一座在南，祭台上插着正在慢慢焚烧的金黄色小香杆，这是用来敬拜孔夫子和老子的。他们的肖像被绣在大幅丝绸上面。

——法国埃里松[1]（蒙托邦将军的英语翻译，负责与英军的沟通和联系）

在英法联军回忆录中有关圆明园收藏和陈设的描述很多，这些仅是其中很少的一部分。我们在其中经常可以看到"精美绝伦""价值连城""漂亮的令人咋舌""难以言喻""仙境"之类的近乎完美赞叹的词汇。尽管其中有的景点名称记载并不准确，但恐怕再难找到对圆明园收藏和陈设如此生动、详尽的记载了，而且其中大部分记载是真实的。

这些外国人对收藏其中的西洋陈设更为熟悉和敏感。他们辨认出宫殿群的风格是路易十四、十五时期的风格。建筑装饰完全按照法国的样式建造而成，装潢和家具，来自哥布林地毯厂的地毯，圣格本产的镜子，其中一幅油画描绘的是亨利四世在九桥上，马戛尔尼勋爵赠送给乾隆皇帝，产地是伍尔维奇的榴弹炮。这些与清宫档案中，有关西洋楼中多为西洋陈设的记载相合。通过他们回忆录的描述，我们可以对园中一些建筑的陈设有更多的了解。例如其中关于皇家藏书楼（据其中所说的"上面有黑色彩陶巨龙"应是指收藏四库全书的文源阁）描述十分详细。我们也由这些记载中得知，清朝圆明园中的物品无论是摆在格子上的景泰蓝、青铜器、瓷器还是格架上红漆盒子里的珠宝首饰，都放置得井井有条，管理规范。有的物品标签上还记载年代、来源和安放的位置。

---

1 [法] 埃里松著，应远马译：《翻译官手记》，中西书局，2010年版，215、218页。

第二章
圆明园中瓷器的收藏和陈设

瓷器看似雅玩之器，实则与国家的政治、经济、文化发展密切相关。御窑厂生产由朝廷出资并管理，以皇室赏玩、陈设和使用需求为目的，其兴旺萧条与国势鼎盛衰微息息相关。诚如《饮流斋说瓷》所言："盖瓷虽小道，而于国运世变亦隐隐相关焉。"[1] 圆明园的修建、使用历经康、雍、乾三朝鼎盛时期，这期间收藏、制造的瓷器无论工艺、价值都位居瓷器悠久历史的前列。

---

[1] 许之衡著：《饮流斋说瓷》，载叶喆民译注、刘伟配图《饮流斋说瓷译注》，紫禁城出版社，2005年版，20页。

一、清代御窑瓷器烧造的兴衰和成就

最高统治者和官府参与陶瓷器的生产有着悠久的历史。相传古代舜帝在河滨制作陶器，烧出来的器物精良。御窑瓷器虽是在距京城遥远的景德镇制作，但真正的设计师、赞助者和督造者、拥有者则是深居皇宫御园的皇帝。清朝康熙、雍正、乾隆三位帝王学养深醇，对瓷器都情有独钟。乾隆以古代圣君舜帝为楷模，将帝王亲自参与制作、鉴赏陶瓷之举，标榜为效仿先贤以德治理天下。

官窑是由官府出资兴建，产品流向由官府控制的窑厂。文献记载最早的官窑设置于北宋，南宋也仿效了该制度。御窑是官窑中的一种特殊类型，仅见于明清两代，由官府管理，专烧御用瓷器。《饮流斋说瓷》云："官窑者，由官监制以进上方，备赏赉者也。清代于官窑之中，更有御窑，专备御用，而下不敢僭。若官窑则贵人达官亦得用之。设专官以监督其工，发内帑以支销其用。"[1]在中国封建社会，官窑产品往往代表了当时制瓷业的最高水平，而御窑瓷器更是其中的精品，专供皇帝使用。明清时期皇权高度集中，从官窑瓷器中分出御窑瓷器，以凸显皇帝的尊贵身份。明清两代朝廷均在景德镇珠山设置御窑厂，依宫廷的需要，生产御用瓷器。御窑厂在官府的控制下，集中当时技艺最精湛的工匠，独占优质的制瓷原料和烧瓷燃料，控制釉料配方和制作工艺，不惜工本，按照宫廷的发样和要求，专烧宫廷御用瓷器。作为特殊形制的官窑，清代御窑的管理方法、生产制度、产品流向较前代更为严格，体现了皇家窑厂的独特与尊贵。御窑瓷器从监管生产、拨支烧造费用，以至烧成品的拣选、解运等，都有严格繁复的制度和措

---

[1] 许之衡著：《饮流斋说瓷》，载叶喆民译注、刘伟配图《饮流斋说瓷译注》，紫禁城出版社，2005年版，43、44页。

施，也只有帝王之尊能有此条件。不但如此，完美的瓷器被认为是帝王盛德的象征，为了显示皇权的威严，器物烧成后还要进行百里挑一的苛刻筛选。御窑进呈的瓷器必须是质纯艺精，完美无瑕的上色瓷器。御窑瓷器精美不仅是特殊工艺的保证，更是严格挑选和对不合格器物处理的结果。对御窑瓷器进行初步拣选，分出上色和次色，攒造册籍，装桶解京，贡入宫廷。督陶官唐英编《陶成纪事碑记》中记载："每岁秋冬二季，雇觅船只夫役，解送圆、琢器皿六百余桶。"[1] 唐英于乾隆六年（1741）十一月初七日的奏折反映了当时御窑瓷器的烧造和拣选情况。"所有拣选齐全上色，十中难得四五。除破损废弃外，其选落瓷器，俱入次色。"[2] 除了配方、造型、装饰以外，季节、天气等对烧窑都有影响，不以人的意志为转移。即使是在瓷器烧造技术成熟的乾隆年间，尽管唐英兢兢业业，不免仍有失误。乾隆对瓷器的瑕疵心存芥蒂，经常为御用瓷器上的缺陷而动怒。以"烧造上色磁器甚糙，釉不好，磁器内亦有破的"为由，申斥、责罚唐英，不准报销所费钱粮，还要唐英自掏腰包赔补。

清帝不仅对御窑厂的生产给予大力支持，而且直接参与、指导御窑瓷器的制作，使瓷器烧造质量提高。在清宫造办处《活计档》中，关于清帝对制瓷的画样、木样、器物品种、造型、釉色、款识、烧造数量，乃至器物入宫后编选等次、配座、收藏地点、摆放位置以及对制瓷优劣的赏罚等旨意都有明确记载。清宫烧制瓷器之前先要秉承皇帝旨意，由宫廷画师出具画样，有时还要照画样先制出纸样或镟造木样，或拨蜡样，然后呈交皇帝或内务府主管大臣审议。再根据皇帝提

---

1 （清）唐英编：《陶成纪事碑记》，载熊寥、熊微编著《中国陶瓷古籍集成》，上海文化出版社，2006年版，296页。
2 （清）唐英编：《遵旨呈报历年动支钱粮及陶务清册折》，载熊寥、熊微编著《中国陶瓷古籍集成》，上海文化出版社，2006年版，103页。

出的具体要求和意见进行修改，有的甚至需要反复修改多次，直到皇帝满意后才交由御窑厂照样烧造。御窑瓷器的烧造完全服从和服务于皇帝的审美、兴趣和使用的要求，在皇帝的亲自参与和督导下，被赋予帝王品味，拥有宫廷风格。

西周时设有"陶正"监管陶务。汉代的"工官"，辽宋以来的"瓷窑务官"，元代的"提领"都是专司或署理官府制瓷的官员。明代由中央派员、地方官吏、宦官等，对御窑厂生产进行管理，但存在贪污舞弊、鱼肉百姓的弊端。督陶官是清政府选派专门人员对于御窑厂陶务实施专管的官职称谓，产生于康熙末年，雍正朝正式确立，乾隆时延续。督陶官负责组织御窑厂的生产、资金筹措、解运、行销等。顺治、康熙朝由地方大臣或工部官员监督陶务。雍正朝以内务府官员兼理陶务，与皇室的关系更为紧密。督陶官是连接朝廷与御窑厂的纽带。皇帝所有关于烧瓷的要求，从纹样、造型到数量，事无巨细都通过督陶官上传下达。清代前中期的督陶官大多熟悉皇帝的审美品位，勤于职守，且在绘画、书法、文学方面亦有很深的造诣。后世常以督陶官的姓氏命名所督瓷窑。如康熙朝工部虞衡司郎中臧应选（生卒不详）督窑期间称"臧窑"，江西巡抚郎廷极（1663—1715）督窑期间称"郎窑"。雍正朝内务府总管、景德镇御窑监督年希尧（1671—1739）督窑期间称"年窑"，雍正、乾隆朝内务府员外郎唐英（1682—1756）督窑期间称"唐窑"。

唐英，字俊公，号蜗寄老人，正白旗内务府包衣旗鼓人。康熙三十六年（1697），年仅16岁的唐英供职于养心殿造办处，曾随康熙皇帝三次下江南。雍正元年（1723），42岁的唐英被授予内务府员外郎。雍正六年（1728），47岁的唐英被派驻景德镇，协助负责淮安关板闸关税务的年希尧，管理景德镇窑务。乾隆元年（1736）至十四年（1749）、

图 16 清雍正青花缠枝莲纹唐英题"佑陶灵祠"瓷匾（现藏中国陶瓷博物馆）

乾隆十七年（1752）至二十一年（1756），两度出任督陶官，以淮安关监督、九江关监督身份兼管景德镇窑务（图16）。直至乾隆二十一年去世，管理景德镇御窑厂前后20余年。唐英去世后，由于御窑厂有唐英训练出来的驻厂协造老格负责管理，尚能维持原有的烧造水平。到了乾隆三十三年（1768）老格退休后，御窑厂难以再现唐英时期高超的烧制工艺。

御窑厂（图17）是内务府造办处的驻外延伸机构，其管理者督陶官直接受命于皇帝。御窑厂烧造所需银两来自皇室私家银库内务府淮安关、九江关税收，清代榷关管理者多由内务府官员出任。督陶官多以淮安关监督、九江关监督身份遥领，窑厂协造负责具体烧造。清代御窑厂迅速发展，佳品辈出，新瓷创新丰富多彩，仿古之作登峰造极（图18），将皇帝的威严、臣子的虔诚和窑工的智慧集于一器。

明末清初，连年混战，民生凋敝，景德镇瓷业遭受严重影响，发展停滞。康熙十三年（1674）的三藩之乱，更使得景德镇瓷业近乎全毁。清代景德镇御窑厂最迟在顺治八年（1651）已经存在并开始烧造。[1] 此

---

[1] 王光尧著：《清代御窑厂的建立与终结》，载《故宫博物院院刊》，紫禁城出版社，2004年2期。

图 17 景德镇明清御窑厂遗址

图 18 清粉彩"御窑厂图"螭耳瓶（现藏北京故宫博物院）

后在顺治及康熙朝前期,清廷曾多次命御窑厂烧造御用瓷器,但不是屡烧不成,就是生产规模有限,时断时续。随着内战平息,国家安定,百业复兴,御窑厂于康熙十九年(1680)恢复了生产,并大量烧造瓷器。

康、雍、乾三朝,天下太平,政治稳定、经济富庶,御窑厂管理制度健全,分工精细,共设二十三作,其中专设"仿古作"和"创新作"。为满足皇帝的好古心态,以清宫旧藏的古瓷真品为样本画样,或旋制木样,或把实物带往景德镇依样烧造,力求形神兼备。既模仿古物的造型、釉色、纹饰,又在仿古的基础上创新,赋予其鲜明的时代特征。御窑瓷质之精细,釉面之莹润,造型之新奇,色彩之绚丽,纹饰之广泛可谓登峰造极。这三朝皇帝都曾以其深邃的审美洞察力,将各自的治国理念和审美取向体现在当时的御用瓷器上,呈现出不同的艺术魅力。康熙瓷浑厚挺拔,雍正瓷秀美典雅,乾隆瓷堪称鬼斧神工,以及他们对吉祥纹饰的热衷,文人情怀的抒发,甚至对西方文化的吸纳都构成了御窑瓷器的艺术特色。清代御窑厂集历代名窑之大成,仿古和创新兼有,完美地体现了中国瓷器薪火相传,推陈出新的生机和魅力。

康熙御窑瓷器上承明瓷纯朴儒雅之风,下启雍、乾瓷隽秀精致的先河,风格挺拔俊朗,是进取向上的时代精神的反映,将前朝瓷器发扬光大的同时,在造型、纹饰、釉色,技法等方面开创了新局面。《在园杂志》中记:"至国朝御窑一出,超越前代,其款式规模,造作精巧。"[1]《匋雅》载:"世界之瓷,以吾华为最,吾华之瓷,以康、雍为最。"[2]康熙十九年(1680)开始大量烧造御用瓷器。督陶官臧应选和郎廷极在管理御窑期间各有成就。康熙二十二年(1683)至二十七年(1688)

---

[1] (清)刘廷玑著:《在园杂志》,中华书局,2005年版,166页。
[2] (清)陈浏(寂园叟)撰:《匋雅》,载伍跃、赵令雯标点《古瓷鉴定指南》初编,北京燕山出版社,1993年版,17页。

由臧应选监督烧造："（臧窑）厂器也，为督理官臧应选所造，土埴腻，质莹薄，诸色兼备。"[1] 康熙四十四年（1705）至五十一年（1712）由郎廷极督造："近复郎窑为贵，仿古暗合，与真无二，其摹成、宣釉水颜色，桔皮棕眼，款字酷肖，极难辨认。"[2] 康熙御窑瓷器数量众多，胎体细腻洁白，纯净坚致，器型以实用为主，但也不乏审美情趣。釉色以青花、五彩为多，还成功烧成了明代断烧的祭红等釉色。纹饰多样，极具皇家风范。其中相当一部分成为清廷瓷器的典范，器型、釉色及纹饰为后世御窑所遵循，每朝必烧，每岁必制。

雍正帝继位后革新政治，增加财政收入，政局逐渐稳定，百姓安居乐业。雍正帝为亲王时就曾定烧"雍亲王宝""御赐朗吟阁宝"等多枚瓷印章及"朗吟阁制"堂名款瓷器。一旦皇权在握，他对御窑瓷器生产的关注较之其父康熙、其子乾隆毫不逊色。雍正四年（1726）开始在御窑厂有序烧造瓷器，且年年不断。督陶官唐英自雍正六年（1728）至十三年（1735）任驻厂协造，"与工匠同其食息者三年"，很快熟悉了制瓷工序和原料，烧造出一批精品。他于雍正十三年（1735）所编的《陶成纪事碑记》相当于御窑厂事物的总报告，刻碑于景德镇珠山之阳。其中记述了雍正时期景德镇御窑的生产规模。"岁用淮安板闸关钱粮八千两"；"在厂工匠、办事人役支领工值食用者，岁有三百余名"；"每岁秋冬二季，雇觅船只、夫役解送圆、琢器皿六百余桶。岁例盘碗盅碟等上色圆器，由二三寸口面以至三四尺口面者一万六七千件，其选落之次色尚有六七万件不等，一并装桶解京以备赏用。其瓶、罍、尊、彝等上色琢器，由三四寸高以至三四尺高大者，亦岁例二千余件，有

---

[1] （清）蓝浦撰，郑廷桂补辑：《景德镇陶录》，载李科友、吴水存点校整理《古瓷鉴定指南》二编，北京燕山出版社，1993年版，32页。

[2] （清）刘廷玑著：《在园杂志》，中华书局，2005年版，166页。

落选之次色二三千件不等，一并装桶解京以备赏用。"[1] 由此可见，雍正朝每年秋冬两季呈送入京的岁例瓷器，数量众多。雍正御窑瓷器造型简洁流畅，纹样典雅清新，做工精巧细腻，追求内廷"恭造之式"。御窑厂在雍正"文雅精细"标准的严格要求和督陶官年希尧与唐英的尽心督理下，"选料奉造，极其精雅……琢器多卵色，圆类莹素如银，皆兼青、彩，或描锥暗花，玲珑诸巧样"[2]。雍正十三年（1735）唐英《陶成纪事碑记》中罗列当时仿古和创新的瓷器多达 57 个品种。"仿古采今岁例贡御釉色五十七种。"[3] 雍正御窑瓷器仿古力求酷肖，创新追求精雅，器型比例协调，线条流畅，构图简洁明快，绘画精细纤柔，与康熙御窑瓷器相比，更为清丽典雅。

经两代帝王的励精图治，乾隆朝江山一统，政治安定，国库丰盈，宫中用品日益求精。乾隆帝饱读诗书，对艺术有执着的爱好，在位 60 年，实际当政 63 年，有充足的时间、财力打造他的艺术帝国。乾隆四年（1739）起御窑厂烧造经费为一万两，由九江关税务盈余中支取。以乾隆二十四年为例，据前任九江关监督尤拔世奏："烧造瓷器支领过九江关盈余银一万两……共烧造圆琢瓷器二万四千七百五十件。内进呈过上色圆琢瓷器七千五百七十七件。"[4]《景德镇陶录》称："陶至今日，器则美备，工则良巧，色则精全，仿古法先，花样品式咸月异岁不同矣。而御窑监造，尤为超越前古。""（唐窑）所造俱精莹纯全。又

---

[1]（清）唐英编：《陶成纪事碑记》，载熊寥、熊微编著《中国陶瓷古籍集成》，上海文化出版社，2006 年版，296 页。

[2]（清）蓝浦撰，郑廷桂补辑：《景德镇陶录》，载李科友、吴水存点校整理《古瓷鉴定指南》二编，北京燕山出版社，1993 年版，32 页。

[3]（清）唐英编：《陶成纪事碑记》，载熊寥、熊微编著《中国陶瓷古籍集成》，上海文化出版社，2006 年版，296 页。

[4] 故宫博物院、中国第一档案馆合编：《清宫内务府奏销档》，故宫出版社，2014 年版，66 册 228 页。

仿肖古名窑诸器，无不媲美；仿各种名釉，无不巧合；萃工呈能无不盛备……厂窑至此集大成矣。"¹《饮流斋说瓷》则做了更为精辟的总结："至乾隆则华缛极矣，精巧之至，几于鬼斧神工。而古朴浑厚之致，荡然无存。故乾隆一朝，为有清极盛时代，亦为一代盛衰之枢纽也。"²乾隆朝瓷器烧造呈现由盛而衰的迹象，但在乾隆这位总设计师的指点下，加之督陶官唐英、老格等人的亲力而为，御窑烧造仍呈现很高水平。乾隆朝御窑厂烧造经费，由九江关税务盈余中支取一万两。在皇帝"搏节烧造"的要求下，烧造数量和所用银两都逐渐减少。乾隆二年至十一年，每年烧造瓷器一万六千九百余件至八千三百余件不等，每年用银一万一千余两至七千余两不等。乾隆十二年至二十六年，每年烧造瓷器九千四百余件至六千五百余件不等，每年用银六千三百余两至四千五百余两不等。³乾隆朝御窑瓷器不仅烧造数量多，而且唐英为博君心不断推陈出新，研发新技法，设计新样式，进入了制物必炫其天朝盛世的阶段。御窑厂23个作坊各有专司，生产逐渐程式化，费尽心机地去体现高超的制瓷技艺。技术上的复杂程度远超前朝。料不厌精，工不厌细，模前朝佳器，仿各名窑作品，同时烧出转心瓶、交泰瓶等新奇器型和象生瓷，仿各种工艺的色釉，炫巧争奇，极尽华丽繁缛之能事，并将流行于欧洲的"洛可可"风格融入中国陶瓷，突出审美功能，有的甚至华而不实，可见这位"十全老人"多元、集大成的艺术品位和恢宏富丽的皇家气势。

---

1 （清）蓝浦撰，郑廷桂补辑：《景德镇陶录》，载李科友、吴水存点校整理《古瓷鉴定指南》二编，北京燕山出版社，1993年版，32页。
2 许之衡著：《饮流斋说瓷》，载叶喆民译注、刘伟配图《饮流斋说瓷译注》，紫禁城出版社，2005年版，20页。
3 中国第一历史档案馆、故宫博物院编：《清宫内务府奏销档》，故宫出版社，2014年版，70册，281、282页。

嘉庆以后国势衰颓，御窑厂不再被皇帝重视。御窑瓷器生产亦如江河日下，难现昔日辉煌。为节省开支，烧造款项一再减少，从嘉庆四年（1799）到道光二十七年（1847），每年用银五千两；道光二十七年（1847）以后，每年用银二千两。[1]《匋雅》载："嘉道而降，画工、彩料，直愈趋愈下。"[2] 御窑厂的规模、瓷器数量和品种都比乾隆时大为缩减，花色品种急剧减少，质量渐趋下降，基本无创新品种，只能满足日常应用，许多高成本的器物不再烧造。嘉庆十一年（1806）十一月，嘉庆帝以"现库存各款磁器甚多"为由，令自明年为始，九江关呈进大运瓷器著减半烧造。道光时期景德镇御窑厂日趋衰落，生产规模较之前朝缩小，质量也有不同程度的下降，与当时社会、经济状况有很大关系，更与道光皇帝"恭俭惟德"的执政理念有关。道光二十九年（1849）道光帝下旨永停烧造御用瓷器中的十六项。道光朝除"慎德堂"款瓷器制作精细，胎质细腻，色彩淡雅，堪称精品外，大多胎土淘洗不细，胎体粗松，分量轻，以生活用器居多。咸丰朝内忧外患接踵而至，御窑厂制瓷于咸丰元年至四年（1851—1854），以祭器及宫中日用器为主，数量不多。咸丰五年（1855）太平天国起义，战火波及景德镇，御窑被毁，器型、釉彩多有失传，对此后的御窑厂生产造成严重影响。

二、清代档案和流散文物中圆明园瓷器的收藏和陈设

圆明园屡遭劫难，昔日的陈设和收藏有的流失海外，留在故地的大多残缺不全。尤其是瓷器收藏，出土的文物无一完整，还有更多的

---

1 王光尧著：《中国古代官窑制度》，紫禁城出版社，2004年版，206页。
2（清）陈浏（寂园叟）撰：《匋雅》，载伍跃、赵令雯标点《古瓷鉴定指南》初编，北京燕山出版社，1993年版，72页。

文物不知所踪。因此通过爬梳清帝的御制诗、英法联军回忆录、清代造办处档案中的相关记载，不仅可以知悉圆明园盛时的瓷器收藏数量、种类、收贮方式，还可以了解清帝定烧的与圆明园建筑密切相关的堂名款瓷器，以及秘藏宫中的名贵瓷器品种珐琅彩瓷器在园中的烧制及收藏情况。辗转流落海内外的圆明园流散的瓷器文物，目前收藏情况极为复杂。1860年被英法两军掠去的圆明园珍宝流落到了英、法、美等国，大部分被英法两国皇室收藏，军官、士兵等私人所得或卖给博物馆、古董商，或被其传之子孙世代收藏。

（一）清代档案中记载的圆明园瓷器

被称为"御园"的圆明园，具有宫苑结合的特殊功能。自雍正至咸丰，清帝及皇室成员一年中大部分时间在圆明园中居住。这里盛时不仅收藏有历代名窑的珍贵瓷器，而且还储有大量清代御窑厂生产的陈设瓷、日用瓷、赏赐瓷等。档案中有大量清帝用瓷器充实园内陈设和日用的记载。清代御用瓷器的承办主要采用大运瓷器、传办瓷器、督陶官自掏腰包的进贡瓷器及奉文传办四种方式。从数量上看大运瓷器占比最多，器型、釉色、纹饰等样式为内廷规定。

在乾隆帝的御制诗中，有一首蓬岛瑶台八咏之《瓷鸡》，描写了当时陈设在圆明园蓬岛瑶台中的一件瓷鸡。"谁将陶氏瓦，易以越州瓷。虽无司晨用，亦有承露姿。栖同皂荚树，刘放犹堪嗤。"[1]《活计档》记载，乾隆二十四年（1759）景德镇御窑厂曾烧鸡形熏炉，可与这首御制诗对应。今台北故宫博物院收藏有粉青釉鸡形熏[2]（图19），与此诗中描写

---

[1]（清）弘历著，故宫博物院编：《清高宗御制诗》三集卷七十四，海南出版社，2000年版，9册53页。
[2] 余佩瑾主编：《得佳趣：乾隆皇帝的陶瓷品味》，台北故宫博物院，2012年版，192页。

图 19 清粉青釉鸡形熏（现藏台北故宫博物院）

的瓷鸡为近似的器物，可作为参考。

1. 数量

皇室筵宴或日常起居所需的日用瓷不计其数。御窑厂每年送京的大运瓷器，皇帝多指定送往圆明园收贮。大运瓷器即大批运输的瓷器，指御窑厂每年在清宫内务府奏销，按年例不用皇帝另外下旨，按固定的瓷样定式烧造，且统一运至京城并交付瓷库的器物。从康熙朝开始大量烧造，乾隆朝形成固定瓷样，延续到宣统三年（1911）。圆明园出土的同形、同色、同纹饰的日用瓷器多为清代的大运瓷器。以乾隆二年、四年、六年、七年、八年、九年、十年、十一年、十六年为例。除一些器型、釉彩特殊的瓷器留在内廷外，大部分瓶、盘、碗、盅、碟等瓷器每年约几千件，均送往圆明园，可见当时圆明园日用瓷用量之大，存贮之丰富。

乾隆二年十月十三日，催总白世秀来说，太监毛团、胡世杰、高玉交霁红靶碗一件，汝釉杏元四方双管瓶一件，青花白地龙凤盒一件，娇黄釉宫碗一件，大观釉收小一号花瓶一件，娇金黄釉茶碗一件，宣窑青龙海水梅瓶一件，嘉窑双管六方瓶一件，黄地绿龙葵瓣四寸碟一件，洋彩黄地洋花宫碗一件。……再，所进元器内留下十三样，余送赴圆明园，交园内总管，俟朕驾幸圆明园时，选看等次。[1]

---

[1] 中国第一历史档案馆、香港中文大学文物馆编：《清宫内务府造办处档案总汇》卷七，人民出版社，2005年版，797、798页。

乾隆四年八月十一日，首领李久明、催总白世秀将员外郎唐英烧造得上色尊、瓶、罐、盘、碗、钟、碟共二千七百五十一件交太监毛团、胡世杰、高玉呈览。奉旨：雨过天晴太官式壶嗣后不必烧造，将洋彩黄地洋花合欢罐两件留下，其余俱送圆明园交园内总管。[1]

乾隆四年十二月十五日，七品首领萨木哈、催总白世秀将唐英烧造得大运磁器盘、碗、钟、碟、尊、瓶、罐共三千七百五十一件，连原样在内持进，交八品官高玉，太监毛团、胡世杰呈览。奉旨：……其余磁器俱各送圆明园总管收放。俟朕驾幸圆明园着刘沧州挑选等次。于本月十七日栢唐阿文保将磁器盘、碗、钟、碟、尊、瓶、罐等共三千七百四十二件持去，送赴圆明园交园内总管收讫。[2]

乾隆七年十一月二十日，司库白世秀，副催总达子，将唐英烧造得上色锦上添花尊瓶三十件，上色锦上添花茶圆三十二件，上色呈样尊瓶罐等一百三十四件，上色盘碗钟碟等二百五十四件，上色装桶盘碗钟碟尊瓶罐等五千四百五十九件之数目总册本，持进交太监高玉呈览。奉旨：将锦上添花尊瓶并茶圆俱留下，其余交刘沧洲。刘沧洲传旨：将交出磁器俱送往圆明园交园内总管。[3]

乾隆八年十一月初五日，七品首领萨木哈，将唐英烧得大运琢圆磁器共五千四十五件，外随进锦上添花样彩等琢圆磁器共

---

[1] 中国第一历史档案馆、香港中文大学文物馆编：《清宫内务府造办处档案总汇》卷八，人民出版社，2005年版，782页。引文中"磁"字按原文摘录，下同。

[2] 中国第一历史档案馆、香港中文大学文物馆编：《清宫内务府造办处档案总汇》卷九，人民出版社，2005年版，92页。

[3] 中国第一历史档案馆、香港中文大学文物馆编：《清宫内务府造办处档案总汇》卷十一，人民出版社，2005年版，160页。

一百十七件。俱持进交太监胡世杰呈览。奉旨：将青云龙钵盂缸二件，龙泉釉暗龙钵盂缸二件并龙泉釉宝月瓶一件交造办处配座，其余交圆明园。¹

乾隆九年十一月二十八日，司库白世秀、七品首领萨木哈、催总达子将唐英烧得上色锦上添花转旋尊、瓶、碗等十八件并各色样瓷尊、瓶、盘、碗、钟、碟等共五千二百七十三件持进交太监张玉、胡世杰呈览。奉旨：将上色尊、瓶碗十八件并霁青项大锦伏天球尊一件留下，其余五千二百七十二件送圆明园交园内总管。²

乾隆十年十二月初一日，司库白世秀、七品首领萨木哈将江西唐英烧造得洋彩锦上添花尊、瓶等二千件。上色尊、瓶、碗、钟、碟等五千二百六十四件。六年分次色黄器盘、碗、钟、碟等二千三百二十一件，俱持进交太监胡世杰呈览。奉旨：将洋彩锦上添花尊、瓶等二千件，内廷留下，其余着送往圆明园交刘沧州。³

乾隆十一年十一月二十六日，七品首领萨木哈将江西烧造上色呈样尊、瓶罐、盘、碗、钟、碟等三百三十六件，上色装桶尊、瓶、罐、盘、碗、钟、碟等四千九百五件外，随进洋彩红锦地洋花山水诗意菱花尊等七对，洋彩描金芭蕉绦环宝莲洋花霁青大天球尊等七持进交太监胡世杰呈览。奉旨：将洋彩东青双带耳观音瓶一对，洋彩锦上添花双喜耳汉尊一对，洋彩翠地锦上添洋花玲珑夹宣花胆瓶一对、洋彩金碟花霁红观音瓶三件留下，其余俱交

---

1 中国第一历史档案馆、香港中文大学文物馆编：《清宫内务府造办处档案总汇》卷十一，人民出版社，2005年版，599页。
2 中国第一历史档案馆、香港中文大学文物馆编：《清宫内务府造办处档案总汇》卷十二，人民出版社，2005年版，316页。
3 中国第一历史档案馆、香港中文大学文物馆编：《清宫内务府造办处档案总汇》卷十三，人民出版社，2005年版，576页。

圆明园内总管收贮。[1]

乾隆十二年十一月二十六日，司库白世秀、七品首领萨木哈将唐英烧造得上色呈样琢器一百四十一件；上色呈样圆器二百六件；上色装桶琢器四百三十六件；上色装桶圆器四千四百六十四件，外随大运上色洋彩锦上添花尊、瓶、茶圆、茶碗共六十二件持进交总管刘沧州呈览。奉旨：将外随大运上色锦上添花尊、瓶、茶圆、茶碗等内红地锦上添花花觚二件，矾红甘露瓶四件，哥窑玲珑转旋蓍草瓶二件，红地锦上添花诗句茶碗二十二件，黄地锦上添花茶圆六件，洋彩冬青地四团山水象耳海棠尊二件，洋彩万福洋花蝉纹尊两件留下，其余俱送往圆明园交园内总管。[2]

乾隆十六年六月十六日，员外郎白世秀、催总德魁将管理九江关税兼管窑厂事务惠色恭进上色呈样尊瓶罐等共五十八件，上色呈样盘碗钟碟等共三百二十六件，上色装桶尊、瓶、罐等共六百三十件，上色装桶盘、碗钟、碟等共六千三十六件持进交太监胡世杰呈览。奉旨：着交圆明园。[3]

即使到了日渐衰落的道光、咸丰年间，圆明园中储存的瓷器还是相当丰富的。道光十五年（1835）十一月大臣奕纪奉旨清查宫内及圆明园库贮物件情况，据清单显示：头等、二等瓷罐、碗、盘、碟等器一项共773款，其中，宫内存402件，圆明园存371件；寿意瓷器共

---

1 中国第一历史档案馆、香港中文大学文物馆编：《清宫内务府造办处档案总汇》卷十四，人民出版社，2005年版，399页。
2 中国第一历史档案馆、香港中文大学文物馆编：《清宫内务府造办处档案总汇》卷十五，人民出版社，2005年版，85页。
3 中国第一历史档案馆、香港中文大学文物馆编：《清宫内务府造办处档案总汇》卷十八，人民出版社，2005年版，384页。

625款,宫内存329款,圆明园存296款。"[1]"咸丰十年慎德堂东寝宫隔断壁子上挂五彩瓷瓶七十九件。"[2]

2. 种类

历代名窑瓷器被清帝视为古董珍玩,有的经前代宫廷传承下来,有的在清帝主导下搜集入宫,代有增益。"李唐越器人间无,赵宋官窑晨星看"[3],陶瓷质脆易碎,乾隆对历代名瓷的珍爱甚于三代铜器。他传世留存有近200首歌咏陶瓷的御制诗,除少数几首是吟咏当朝"壁瓶"等作品外,其余均是为古代名瓷而作。最早上溯到远古三代下至明代,而以咏宋瓷诗文最为常见。乾隆三十九年(1774)《咏官窑瓶子》"珍逾夏商鼎,少贵似晨星"[4]。

圆明园中收藏的历代名瓷多由造办处配座,作为古玩,供皇帝陈设或赏玩。其中既有汝窑、定窑、哥窑等宋瓷,也有明代嘉窑、成窑、宣窑等前朝名窑器物。

> 雍正十一年六月十五日,宫殿监副侍李英传旨:佛城内供的汝窑花瓶上着配紫檀木座一件,高香几一件。[5]
>
> 乾隆七年五月十九日,司库白世秀、副催总达子,将哥窑三足筒子炉一件,随嵌玉盖木座,持进交太监高玉呈进。奉旨:着

---

[1] 中国第一历史档案馆编:《圆明园》上册,上海古籍出版社,1991年版,516～532页。
[2] 中国第一历史档案馆编:《圆明园》下册,上海古籍出版社,1991年版,1070页。
[3] (清)弘历著:《成窑鸡缸歌》,载孙彦点校整理《古瓷鉴定指南》三编,北京燕山出版社,1993年版,234页。
[4] (清)弘历著:《咏官窑瓶子》,载孙彦点校整理《古瓷鉴定指南》三编,北京燕山出版社,1993年版,210页。
[5] 中国第一历史档案馆、香港中文大学文物馆编:《清宫内务府造办处档案总汇》卷五,人民出版社,2005年版,739页。

送往圆明园交开其里。¹

  乾隆十年九月二十八日，总管刘沧洲交头等青花白地天球尊一件（木座）、官窑筒子炉一件（紫檀木座盖嵌玉顶）；二等均釉花觚一件（木座）、青花白地蒺藜瓶二件（木座）、定窑筒子炉一件（木座盖嵌玉顶）、青花白地梅瓶三件（木架）、定窑镶铜口大碗一件（木架）、哥窑乳炉一件（少釉、木座、盖嵌玉顶）、哥窑乳丁乳炉一件（乌木座盖嵌玉顶）、大观釉花觚一件（木座）、哥窑胆瓶一件（木座）；三等观窑痰盂一件（锦座）、鱼子纹圆洗一件（木座）、霁青白龙圆碟一件（木座）、冬青釉葵花洗一件（木座）、土定圆洗一件（木座）、均釉圆洗一件（木座）、哥窑挠碗一件（木座）、青花白地平足碗一件（木座）、青云红龙盖碗一件（木座）。于十月初三日栢唐阿强涌将以上古玩俱各送圆明园去讫。²

  乾隆十八年十二月十六日，太监胡世杰交：宣窑靶钟一件，万窑青花白地酒圆一件、嘉窑红龙白地酒圆一件、成窑青花白地酒圆一件、成窑五彩酒圆一件，传旨：着带往圆明园交胡世杰在等处换用。³

  圆明园中历代名窑瓷器的收藏，由现藏于英国大英博物馆和维多利亚与阿尔伯特博物馆中的雍正《古玩图卷》中也可见一斑。1860年抢劫、焚毁圆明园的法军阿道尔夫·阿尔芒在回忆录中曾提到了圆明

---

1 中国第一历史档案馆、香港中文大学文物馆编：《清宫内务府造办处档案总汇》卷十，人民出版社，2005年版，234页。
2 中国第一历史档案馆、香港中文大学文物馆编：《清宫内务府造办处档案总汇》卷十三，人民出版社，2005年版，304页。
3 中国第一历史档案馆、香港中文大学文物馆编：《清宫内务府造办处档案总汇》卷十九，人民出版社，2005年版，544页。

图 20　定窑白瓷孩儿枕（现藏北京故宫博物院）

园某处殿宇中的瓷枕，"中国人的卧室有个特点，里面都有一个裸体的小孩，一般是陶瓷做的。小孩趴着，两手托着大大的脑袋，笑逐颜开。刚看到这个姿势奇怪，赤身裸体的瓷孩儿时，我们都很吃惊。这竟是个很光滑凉爽的枕头。"[1] 从这段描述中推测，这件瓷枕作孩儿伏卧于榻上，以孩儿脊背作枕面，有可能是北宋定窑白瓷中的名品或其仿制品——定窑白瓷孩儿枕。乾隆三十八年（1773）至四十年（1775）曾多次提看"定瓷娃娃凉枕"并下令配制木座，锦垫。在乾隆咏定窑御制诗中，也以咏孩儿枕最多，为11首。这种定窑白瓷孩儿枕在北京故宫博物馆（图20）和台北故宫博物院中均有收藏。

"官汝称名品，新瓶制更嘉。"[2] 在清廷内府更多陈设和使用的还是

---

[1] ［法］阿道尔夫·阿尔芒著，许方、赵爽爽译：《出征中国和交趾支那来信》，中西书局，2010年版，326页。
[2]（清）弘历著：《咏挂瓶》，载孙彦点校整理《古瓷鉴定指南》三编，北京燕山出版社，1993年版，199页。

图21 清雍正仿木纹花盆（现藏台北故宫博物院）

清代御窑厂制作的器物。圆明园的瓷器无论是数量还是品种和等级都与紫禁城不相上下。有皇帝临时下旨交御窑厂烧制的瓷器，其造型、釉色、装饰，甚至数量、款识都由皇帝钦定。御窑厂奉旨传办专供皇帝赏玩的新品种。也有督陶官为博君心，自掏腰包进贡的瓷器。例如有雍正仿木纹花盆（图21）、乾隆洋彩黄地锦上添花万年甲子转旋笔筒以及唐英烧造的瓷犬、瓷鹿等象生瓷名品。

> 雍正七年正月廿九日，太监王太平持来花梨木釉磁桶一件。
> 太监刘希文传旨：着将磁桶配做木架，得时送往西峰秀色陈设。钦此。[1]

---

[1] 中国第一历史档案馆、香港中文大学文物馆编：《清宫内务府造办处档案总汇》卷三，人民出版社，2005年版，704页。

乾隆二年十二月二十四日，七品首领萨木哈将唐英呈进绢画镶万福流云边屏风一座，并黑漆画金案宝座、磁灯等件交奏事太监王常贵呈览。奉旨：着将屏风宝座漆案送圆明园交园内总管太监，再四季花磁灯二对亦送圆明园挂。[1]

乾隆十年十二月二十二日，太监胡世杰交洋彩黄地锦上添花万年甲子转旋笔筒一对。传旨：着送往圆明园交总管应摆处换上。于本月三十日着栢唐阿苏哲将转旋笔筒一对送往圆明园去讫。[2]

乾隆六年八月十九日，七品首领萨木哈将唐英烧造得磁犬四件，各随木笼，持进交太监胡世杰呈进。奉旨：着交开其里酌量地方摆。钦此。于本月二十五日栢唐阿送往圆明园交司房收讫。[3]

清帝在旨意中对一些瓷器特别交代了园内摆放的地点和位置。有的瓷器是按照圆明园的某座殿阁内格子的尺寸，画样交景德镇定烧的。有的瓷器由景德镇送到京城后，皇帝对其中的部分细节不满意，命造办处进行修改后陈设。

乾隆三年十月二十九日，太监毛团、胡世杰、高玉传旨：将唐英所进之磁器俱各送往圆明园，交园内总管安放在金鱼池。[4]

乾隆七年十一月初二日，司库白世秀将白瓷盘一件，配花梨

---

[1] 中国第一历史档案馆、香港中文大学文物馆编：《清宫内务府造办处档案总汇》卷七，人民出版社，2005年版，789页。
[2] 中国第一历史档案馆、香港中文大学文物馆编：《清宫内务府造办处档案总汇》卷十三，人民出版社，2005年版，580页。
[3] 中国第一历史档案馆、香港中文大学文物馆编：《清宫内务府造办处档案总汇》卷十二，人民出版社，2005年版，302页。
[4] 中国第一历史档案馆、香港中文大学文物馆编：《清宫内务府造办处档案总汇》卷八，人民出版社，2005年版，284页。

木座持进交太监高玉等呈进。奉旨：着安在万方安和山水清音高香几上。[1]

乾隆四十年十月初八日，胡世杰传旨：淳化轩现设百什件格子内，着配磁器二件，先画样呈览，准时发往江西烧造。钦此。于十七日为淳化轩百什件内添配磁器二件，做得青花白地瓶样一件，霁红瓶样一件，持进交太监胡世杰呈览。奉旨：照样发往江西各烧造一件送来。[2]

3. 器型、纹饰根据建筑的功能、景观定制

皇帝为圆明园的一些宫殿"量身定制"瓷器陈设。其器型、纹饰呼应摆放宫殿的名称、景观、功能，甚至在此举行的各种节庆活动。

乾隆十一年六月十四日，司库白世秀来说，太监胡世杰交轿瓶一件、青花白地双管瓶一件随木座。传旨：照此轿瓶样款不要佛，放大做挂瓶六件，芰荷香箭柱上挂四件，屋内檐柱上挂二件，要锦上添莲花，留空堂写诗，屋内香几上照双管尊的款式，周身要青莲花白地，烧造瓶四件俱先画样呈览，准时交江西烧造。于十一月二十六日，七品首领萨木哈将江西烧造得，洋彩红地锦上添莲花挂瓶大小二对、洋彩黄地锦上添莲花小挂瓶一对、青莲花白地双管瓶、青花白地双管尊一件，随木座持进交太监胡世杰呈览。奉旨：将青花白地尊并挂瓶双管莲花瓶，俱交圆明园园内总

---

[1] 中国第一历史档案馆、香港中文大学文物馆编：《清宫内务府造办处档案总汇》卷十，人民出版社，2005年版，247页。
[2] 中国第一历史档案馆、香港中文大学文物馆编：《清宫内务府造办处档案总汇》卷三十八，人民出版社，2005年版，656页。

管收贮。俟房得时，著造办处人拴挂安设。[1]

芰荷香位于圆明园四十景之一的多稼如云（图22）。芰荷香前有大片荷池，并建有莲花亭，是园内盛夏观赏荷花的最佳处。《日下旧闻考》云："濂溪乐处迤北对河外稻塍者为多稼如云，正宇五楹。前宇为芰荷香。正宇东稍南有室为湛绿。"[2] 乾隆时期，乾隆帝常常侍奉皇太后至此进膳、观荷。他又与诸王、皇子、大学士等来此赏荷作诗。乾隆二十五年（1760）六月，乾隆帝除侍奉其母赏荷外，还与宗室及御前大臣、并回部郡王霍集斯等一起来此观荷。乾隆时期，此处已成为夏日皇帝与家族成员聚会，和大臣作诗，以及赐宴外藩之地。这里不仅殿外河池中有大片的荷花，殿内的装饰和陈设也是处处以"莲"为题。芰荷香殿内挂匾为"木胎彩漆雕莲花荷叶青字匾"[3]；罩壁上贴董邦达画爱莲图纸画一张[4]；室内陈设莲花宝座、莲花香几、莲花

图22　清乾隆九年沈源、唐岱绘圆明园四十景图咏之多稼如云（现藏法国国家图书馆）

1　中国第一历史档案馆、香港中文大学文物馆编：《清宫内务府造办处档案总汇》卷十四，人民出版社，2005年版，441页。
2　（清）于敏中等编：《日下旧闻考》卷八十二，北京古籍出版社，1985年版，1363页。
3　中国第一历史档案馆、香港中文大学文物馆编：《清宫内务府造办处档案总汇》卷十五，人民出版社，2005年版，127页。
4　中国第一历史档案馆、香港中文大学文物馆编：《清宫内务府造办处档案总汇》卷十五，人民出版社，2005年版，481页。

绣墩，甚至宝座的坐褥也绣有荷叶；还有一座荷叶顶的戏台[1]。即使有了这些中式陈设乾隆还不满足，命令西洋人想办法对芰荷香殿内陈设的乌木架葫芦形时乐钟进行改造，将钟顶安镀金莲花朵，逢打钟时要开花[2]。芰荷香殿柱子上挂洋彩红地锦上添莲花挂瓶大小二对、洋彩黄地锦上添莲花小挂瓶一对，屋内香几上摆青莲花白地双管瓶、青花白地双管尊各一件。

芰荷香殿的挂瓶器型，陈设在圆明园中的另一处景观要素不同的殿宇中，纹饰也随之改变。"乾隆十四年五月二十一日，太监胡世杰传旨：着照芰荷香现有挂瓶画秋花挂屏（瓶）样呈览，准时交唐英烧造挂屏三对，在生秋亭（庭）建柱上挂二对，柱子上挂一对。"[3]生秋庭位于圆明园勤政亲贤，乾隆十一年（1746）乾隆帝御书"生秋庭"匾额。乾隆朝时每年立夏日、立秋日在此设供，皇帝至供前拈香。这里是以"秋"为主题的建筑，因此挂瓶的纹饰也要画秋天的花卉。

乾隆十九年（1754）十一月初七日，太监胡世杰交斗龙舟打筋斗人转旋瓶一件，江西监督唐英呈进。传旨：着交圆明园总管在望瀛洲安设，应配座者配座。[4]望瀛洲亭位于圆明园四十景之一的澡身浴德（图23），是一座福海岸边的四方亭，亭外悬挂乾隆三年（1738）御书"望瀛洲"匾。这里是乾隆帝每年端午独自或率王公大臣观看福海龙舟竞渡之处。乾隆在《端阳日作》诗注中说：望瀛洲为"亭子名，向年坐

---

1 中国第一历史档案馆、香港中文大学文物馆编：《清宫内务府造办处档案总汇》卷十四，人民出版社，2005年版，518、519、520页。
2 中国第一历史档案馆、香港中文大学文物馆编：《清宫内务府造办处档案总汇》卷十八，人民出版社，2005年版，542页。
3 中国第一历史档案馆、香港中文大学文物馆编：《清宫内务府造办处档案总汇》卷十七，人民出版社，2005年版，146页。
4 中国第一历史档案馆、香港中文大学文物馆编：《清宫内务府造办处档案总汇》卷二十，人民出版社，2005年版，495页。

图 23 清乾隆九年沈源、唐岱绘圆明园四十景图咏之澡身浴德（现藏法国国家图书馆）

以观竞渡处"。[1]乾隆二十一年（1756）端阳节，五月初一、初四、初五日乾隆帝皆至望瀛洲观福海斗龙舟。初一是他独自看演龙舟，初四、初五则是率王公大臣同观。清廷端午节在福海举行的龙舟竞渡活动非常热闹，与民间的赛龙舟不同，皇家的龙舟更多的是表演性质。装饰

---

[1]（清）弘历著，故宫博物院编：《清高宗御制诗》四集卷八十一《端阳日作》，海南出版社，2000年版，14册11页。

华丽的九只龙舟不是争先恐后的竞赛而是依次而行,而且龙舟上设有乐舞、杂技等丰富的表演。据《清升平署志略》载,道光三年(1823)在望瀛洲作斗龙舟之戏时,龙船上各种表演如瑞雨禾丰、彩台偶戏、把式卖艺、高丽觔斗、搬演戏法、设法取水、光华宝塔、扛子、五谷丰灯、洞仙歌、八角鼓、吉祥锣鼓等。这件唐英进贡的"斗龙舟打觔斗人转旋瓶"的纹饰就是取材于端午节皇家龙舟上的觔斗表演。乾隆命人摆放在他观看福海龙舟竞渡活动的望瀛洲是非常应景的。

园内神祠佛堂众多,清帝常在这里举行祭祖祀神,祈福消灾的活动,各种供器、祭器乃至神像也有不少是瓷制的。月地云居(图24)又名清净地,是圆明园四十景之一。雍正时已有建设,初名仙香苑,后改称乐志山庄。乾隆九年御制《月地云居》词云:"琳宫一区,背山临流,松色翠密,与红墙相映。"可见月地云居周围环境庄严肃穆。《日下旧闻考》载:"山高水长之北,度桥由山口入,梵刹一区为月地云居,殿五楹。山门额曰清净地。前殿方式,四面各显五楹,额曰妙证无声。后楼上下各七楹,额曰莲花法藏。月地云居之东为法源楼,又东为静

图24 清乾隆九年沈源唐岱绘圆明园四十景图咏之月地云居(现藏法国国家图书馆)

室。"¹ 月地云居山门前有牌楼一座。山门三开间,门楣石匾为乾隆御书"清净地"。山门内东西建有钟楼和鼓楼。山门后的妙证无声殿为都罡殿,重檐攒尖顶,四面各有五间,周围有外廊。殿中心设佛坛,供八方亭式佛龛,并供有瓷三世佛、侍者和十八罗汉。

乾隆七年十一月二十一日,太监胡世杰交磁达摩二尊,传旨:着配楠木龛一座,得时在圆明园七堂内大达摩前安供。²

乾隆三十五年六月二十二日,太监胡世杰交磁大无量寿佛九尊随红木栏杆座漆背光,磁小无量寿佛八十一尊,俱系九江关监督伊龄阿呈进。于七月十四日库掌四德等将磁无量寿佛九尊、磁小无量寿佛八十一尊改做踏跺持赴清净地安供讫。³

乾隆五十五年八月初八日,善泰进到瓷佛三尊,侍者六尊,罗汉十八尊。着在清净地都罡殿内添供。都罡殿正面供三世佛三尊,侍者二尊,两边供罗汉十八尊,添做供案、供柜烫样呈览。⁴

八月二十八日,太监厄鲁里传旨:清净地新供瓷三世佛、十八罗汉着装藏。⁵

乾隆居圆明园时,每月初一、十五,及四月初八前后三天,皆至

---

1 (清)于敏中等编:《日下旧闻考》卷八十一,北京古籍出版社,2001年版,1350页。
2 中国第一历史档案馆、香港中文大学文物馆编:《清宫内务府造办处档案总汇》卷十一,人民出版社,2005年版,422页。
3 中国第一历史档案馆、香港中文大学文物馆编:《清宫内务府造办处档案总汇》卷三十三,人民出版社,2005年版,337页。
4 中国第一历史档案馆、香港中文大学文物馆编:《清宫内务府造办处档案总汇》卷五十二,人民出版社,2005年版,108页。
5 中国第一历史档案馆、香港中文大学文物馆编:《清宫内务府造办处档案总汇》卷五十二,人民出版社,2005年版,194页。

清净地拈香磕头。而且乾隆、嘉庆时期,这里每年都频繁举行放乌卜藏、唪经等藏传佛教法事活动。

造像材质取决于造像人的经济能力或价值取向,就纯宗教和加持力而言,并没有区别。据档案记载圆明园中供奉的造像材质多样且贵重,除常见材质外还有玉、象牙、松石、青金石、龙晶土等。目前圆明园出土的清宫廷造像以中小型为主,材质有金、铜、玉、石、瓷。五供、法轮、八宝、佛像等藏传佛教用品以乾隆朝御窑厂产品最多,这类瓷器结构复杂,烧造难度大,烧成不易。

4. 定级及收贮

乾隆帝不仅严格要求、督导御窑瓷器的烧造,而且重视瓷器分类、归纳、定级和存放。圆明园与紫禁城一样,不仅专设有贮藏各类不同等级器物的库房,而且九州清晏、淳化轩等重要殿宇中的收藏也都划分等级。当景德镇御窑厂例行烧造的大运瓷器抵京,乾隆曾多次传旨将之先安置于圆明园,"俟朕驾幸圆明园时,著刘沧洲挑选等次","著送往圆明园,交司房按等次入类"。1860年焚毁圆明园的英法联军在回忆录中对园中收藏的瓷器有这样的描述:

> 墙上一个雕嵌的壁橱里,摆着一箱一箱黄色的御用磁器,每个杯子都用柔软的绵纸包裹着,而且一格一格各自分开。这些磁器是如此被看重的。(英随军牧师 R.J.L.M Ghee)[1]。

由此记载可见圆明园瓷器收藏极为细致。

---

[1] 圆明园管理处编:《西方人眼中的圆明园》,对外经济贸易大学出版社,2000年版,100页。

乾隆四年十二月十五日，七品首领萨木哈、催总白世秀将唐英烧造得大运磁器盘、碗、钟、碟、樽、瓶、罐共三千七百五十一件连原样在内持进交八品官高玉，太监毛团、胡世杰呈览。奉旨：五件留于内庭用。原呈览过磁器四件发回。其余磁器俱各送往圆明园总管收放，俟朕驾幸圆明园时着刘沧洲挑选等次。[1]

乾隆七年十一月初九日，首领开其里交均釉纸槌瓶一件，均釉双耳纸槌瓶一件，霁青胆瓶一件，洋彩橄榄瓶一件，洋彩观音瓶一对，以上俱系头等。釉里红龙宝月瓶一对，汝窑描金五彩胆瓶一件，以上俱系二等。传旨：着送往圆明园交司房按等次入类。[2]

乾隆二十年十二月十八日，员外郎白世秀将青花白地磁果洗新旧八件持进，在养心殿呈览。奉旨：着往圆明园归入新磁器内编等。[3]

乾隆二十一年十一月二十一日，郎中白世秀、员外郎金辉将霁红碗一件、均窑碗一件配得木座持进，交太监胡世杰呈进。奉旨：着俱刻乙字，得时交程斌在九州清晏摆。[4]

乾隆五十五年八月初一日，将哥窑洗一件配得座呈进交圆明园讫。八月初四日，将葫芦瓶一件配得座呈进交圆明园三等。七月三十日，将新磁青花双环瓶一件，配得座呈进，交淳化轩二等

---

[1] 中国第一历史档案馆、香港中文大学文物馆编：《清宫内务府造办处档案总汇》卷九，人民出版社，2005年版，92页。

[2] 中国第一历史档案馆、香港中文大学文物馆编：《清宫内务府造办处档案总汇》卷十一，人民出版社，2005年版，159页。

[3] 中国第一历史档案馆、香港中文大学文物馆编：《清宫内务府造办处档案总汇》卷二十，人民出版社，2005年版，287页。

[4] 中国第一历史档案馆、香港中文大学文物馆编：《清宫内务府造办处档案总汇》卷二十二，人民出版社，2005年版，271页。

讫。八月初六日,将青花白地瓶一件配得座呈进交圆明园三等。[1]

(二)与圆明园有关的清代堂名款瓷器

古代瓷器的款识一般可分为:纪年款、堂名款、人名款、吉祥款、诗句款等。"堂"指高大明亮的房子,一般指住宅中最宽敞的房子或住宅的正屋。为堂命名儒雅的名字以抒发情怀,称为"堂名"。堂名最初出现在建筑上,渐渐使用在书画、瓷器上。堂名款亦称"斋堂款""室名款"。使用范围慢慢扩大,斋、轩、书屋、室、阁名也陆续出现。帝王堂名款瓷器,在宋代已经出现,明代后期形成风尚,清代尤为盛行。

圆明园有成百处园林风景群,殿、堂、轩、馆、楼、阁、厅、榭、亭等建筑类型俱全。每座建筑都有雅致的名字,其中不少是皇帝亲自命名并御书匾额。清帝常将自己居住的殿堂冠以堂名,以明其志、抒其怀,甚至将自己的执政理念也融入其中。帝王、后妃为经常居住或对其有特殊意义的殿堂在御窑厂定烧堂名款瓷器。《饮流斋说瓷》云:"瓷款之堂名、斋名者,大抵皆用楷书,制品之人有四类,一为帝王,一为亲贵,一为名士而达官者,一为雅匠良工也。"[2] 皇室贵族、达官权贵或文人雅士出于对瓷器的爱好,或追求生活格调,将居室的堂名、斋号落款于定烧的瓷器上。

朗吟阁位于圆明园天然图画(图25),是一座三间两层的楼阁,内檐悬雍正御书"朗吟阁"匾,为雍正登基前在圆明园内的居所。乾隆御

---

[1] 中国第一历史档案馆、香港中文大学文物馆编:《清宫内务府造办处档案总汇》卷五十二,人民出版社,2005年版,256页。
[2] 许之衡著:《饮流斋说瓷》,载叶喆民译注、刘伟配图《饮流斋说瓷译注》,紫禁城出版社,2005年版,102页。

图 25　清乾隆九年沈源、唐岱绘圆明园四十景图咏之天然图画（现藏法国国家图书馆）

制"朗吟阁"诗《题名犹在我生初》注云："阁名犹皇考潜邸时所题也。"[1]可见当时的雍亲王喜居于此，还为此阁订烧了一批"朗吟阁制"款的瓷器。现北京故宫博物院收藏有"朗吟阁制"款白釉僧帽壶（图26）。

堂名之风到道光朝更甚。道光朝与圆明园有关的堂名款瓷器有"慎德堂""湛静斋""澹怀室"等。慎德堂建于道光十年（1830），次年五

---

[1]（清）弘历著，故宫博物院编：《清高宗御制诗》二集卷八十七《朗吟阁》，海南出版社，2000年版，5册300页。

圆明园寻瓷

图26 清雍正"朗吟阁制"款白釉僧帽壶（摘自《故宫博物院八十华诞古陶瓷国际学术研讨会论文集》）

月落成，为圆明园九州清晏西侧的一组五间三卷式建筑，殿内有东西寝宫和佛堂。道光长期在此居住、理政，相当于紫禁城的养心殿。并于道光三十年（1850）正月十四日驾崩于此。道光帝在他所作的《慎德堂记》中说"崇俭去奢，慎修思永"[1]，可见这里承载了他勤俭的执政理念。慎德堂作为道光帝在圆明园中的主要生活场所，需要大量陈设和日常用具，署"慎德堂"款的瓷器是景德镇御窑厂为这里烧制的御用"堂名款"瓷器。道光朝国家财政拮据、社会矛盾尖锐，景德镇御窑厂生产每况愈下，大部分沿袭前朝传统品种，数量较乾隆朝、嘉庆朝大幅度减少。在这样的社会背景下，御窑厂倾全国之力，生产出代表当时制瓷业最高水平的"慎德堂"款瓷器。"慎德堂"款瓷器于道光十三年（1833）开始由御窑厂烧造，每年随年贡进京。以粉彩为主要装饰，还有少量青花、斗彩和颜色釉器。器物底足处均以红彩侧锋楷书"慎德堂制"款。"道光十三年八月十九日，主事那隆阿、太监张得兴来说：太监沈魁交金鱼苲草瓷渣斗样一件，外黄里白暗龙黄瓷盅样一件，青花白地瓷碗样一件。传旨：瓷渣斗一件，着照此样要黄瓷里白烧造六十件，内慎德堂制款三十件，湛静斋制款三十件，俱要楷书字。暗龙黄瓷盅一件，着照此样烧造四十件，要湛静斋制款，俱要楷书。青花白地碗一件，着

---

[1]（清）旻宁著，故宫博物院编：《清宣宗御制文》余集卷五《慎德堂记》，海南出版社，2000年版，137页。

照此样要里外俱黄色，烧造四十件湛静斋制款，俱要楷书。"[1]"慎德堂"款瓷器反映了道光帝在圆明园内的生活情趣，表达了他节俭修身的治国理念。

湛静斋位于慎德堂西，于道光十一年（1831）与慎德堂同期建成，是道光帝为身怀有孕的全贵妃在御园建造的寝宫，并专门烧制了"湛静斋"款瓷器。道光的全贵妃即孝全成皇后（图27），钮祜禄氏，初入宫封为全嫔，道光三年（1823）封全妃，五年（1825）封全贵妃，十四年（1834）被立为皇后，道光二十年（1840）她病逝于湛静斋，享年33岁。湛静斋建成三个月后，道光十一年（1831）六月初九日，咸丰帝即出生于此。湛静斋为两卷式建筑，匾额为道光帝御书，殿内以兰花、梅花为装饰主题。湛静斋瓷器主要为黄釉器，里白外黄器和青花器。在道光帝的堂名款瓷器中除"慎德堂"款器外，"湛静斋"款器物最为精致，可见道光对全贵妃的宠爱。

图27 清孝全成皇后璇宫春霭图轴（摘自《地上的天宫：故宫博物院藏清代后妃皇子文物》）

"天地一家春"在咸丰朝时为九州清晏东路后妃寝宫的总称。咸丰帝的懿嫔即后来的慈禧太后，当时就居住在天地一家春殿穿堂西侧的三间屋内，同治帝也诞生在此。咸丰五年（1855）宫中新挂两面"大

---

[1] 赵聪月著：《故宫博物院藏慎德堂款瓷器》，紫禁城出版社，2014年版，第19页。

图 28 清同治重修圆明园时期天地一家春烫样（现藏北京故宫博物院）

雅斋"匾，分别挂于紫禁城平安室和圆明园天地一家春殿内。[1] 天地一家春之名始于雍正朝，因与慈禧太后有密切的关系，盛于同治时期。同治十二年（1873），同治帝重修圆明园时，将原来的天地一家春改为承恩堂，而把原来皇太后的寝宫敷春堂改名为了天地一家春（图28）。慈禧将"天地一家春"作为自己的私印，并烧制在自己定烧的瓷器上。慈禧对圆明园中的时光无限眷恋，在同治十二年（1873）她就有了修复圆明园的念头，希望重现当年美景。同治十三年（1874）内廷为圆明园天地一家春配置陈设。为慈禧太后烧造的御用堂名款瓷器，署"大雅斋"款，同时缀有"天地一家春"椭圆形篆字章，器物底书"永庆长春"红彩楷书。这批瓷器的烧造时间与为天地一家春配置陈设的时间吻合。可见"大雅斋"瓷器是当时为重建的圆明园天地一家春烧造的专用器。然而当光绪元年（1875）第一批"大雅斋"款瓷器烧成，圆明园的复建工程却因财力不足、大臣反对等原因被迫中止，这批大雅斋瓷器改由宫中使用。[2] 清末在内廷长期掌政的慈禧太后生活奢侈，

---

1 郭兴宽、胡德生、赵小春撰：《禁宫何处大雅斋》，《紫禁城》总128期，2005年。
2 王光尧著：《官样御瓷》，紫禁城出版社，2007年版，150页。

也附庸风雅地追求文化时尚。"大雅斋"款御用瓷器在色彩和图案上柔媚婉约，与慈禧喜好相合，而且精致程度堪比盛清时期。

（三）圆明园中珐琅彩瓷器的烧制和收藏

珐琅彩瓷是清廷秘藏宫中的名贵瓷器品种。圆明园目前虽未出土过珐琅彩瓷残片，但根据档案记载，珐琅彩瓷的烧制和收藏与圆明园有着密切的关系。画珐琅工艺起源于欧洲，瓷胎画珐琅是吸收金属胎画珐琅技法，在瓷胎上用各种珐琅彩料描绘而成的釉上彩瓷。自欧洲传入清廷的画珐琅工艺，在康熙皇帝的重视和推广下，逐渐发展起来，盛烧于雍正、乾隆时期，乾隆中期以后逐渐销声匿迹。珐琅彩瓷清宫档案称为"瓷胎画珐琅"，由于其造价昂贵，烧制难度大，当时仅供皇室赏玩，传世品也很稀少，现多藏于北京故宫博物院和台北故宫博物院。

1. 珐琅彩瓷在圆明园中的烧制

清皇室用瓷多由御窑厂在景德镇烧制完成后，贡入内廷。珐琅彩瓷一改宫中惯例，将珐琅彩的烧胎与烧彩分两地进行。珐琅彩瓷的胎多由景德镇御窑厂烧制，再捡选解运入京。由皇帝亲自审定、设计画稿，宫廷画师或画珐琅人精心彩绘，宫廷写字人题诗署款，最后入炉烧制而成，每道工序要求都极为严格。康熙时期在紫禁城造办处珐琅作烧制。雍正时期，由于雍正帝每年大部分时间在圆明园居住、理政，为了便于监管和进一步扩大规模，珐琅彩瓷的烧造地点除紫禁城外，又增加了圆明园和怡亲王花园。雍正六年（1728）三月，从内廷造办处调遣"好手艺"画珐琅人、工匠带着珐琅料赴圆明园。同年七月，造办处成功烧炼出珐琅彩料九种，后又自炼成西洋彩料中没有的色料。既突破了彩料需要从西方进口的制约，使清宫珐琅彩瓷制作量大增，又研制成功了多种西洋没有的彩料，极大丰富了珐琅的颜色品种。从这两条档案的时间来看，造办处珐琅彩料烧炼的部分工作，就是在圆明园完成的。雍正九年（1731）四月二十七日，造办处档案内有明确记载"在圆明园造办处做备用瓷器上烧珐琅各色器皿等件"。几乎同时，还有为烧珐琅活计立窑的记载。由此可知雍正时期圆明园和距其不远的怡亲王花园都曾烧制过珐琅彩瓷。怡亲王允祥的诗文、书画学养是清宗室中的佼佼者，雍正命其管理造办处事务。他不但辅佐朝政也参与内廷用器的设计和制造。怡亲王允祥的御赐花园——交辉园，始建于雍正初年，是现在圆明三园之一的绮春园的一部分，距离雍正时期的御园圆明园很近。绮春园在乾隆时改赐给大学士傅恒，乾隆三十四年（1769）归入圆明园，并定名绮春园。乾隆时圆明园烧造珐琅彩瓷的工作也未间断。乾隆二年、三年、四年、七年、十八年皆有填白釉瓷烧珐琅的记载。乾隆四年（1739）有御窑厂烧制的填白瓶112件，送到圆明园烧造珐琅。

雍正六年三月十九日，据圆明园来帖内称，郎中海望奉怡亲王谕：着传催总刘三九、领催白老格带好手艺铜匠各带小式家伙，珐琅处太监张廷贵、画珐琅人谭荣，好手艺家内大器匠一名，带铜叶珐琅材料赴圆明园来。[1]

雍正六年七月二十四日，据圆明园来帖内称，栢唐阿邓八格来说怡亲王谕：将造办处收贮的里外素白釉或茶圆或酒圆，选薄些的拿四五件来。于二十七日，将珐琅处收贮的填白暗寿字茶圆

---

[1] 中国第一历史档案馆、香港中文大学文物馆编：《清宫内务府造办处档案总汇》卷三，人民出版社，2005年版，54页。

五十一件内选得六件，填白暗龙酒圆四十一件内选得六件。栢唐阿赵老格持赴怡亲王花园，交栢唐阿宋七格，收讫。[1]

雍正九年四月二十七日，内务府总管海望传：着在圆明园造办处做备用磁器上烧珐琅各色器皿等件。[2]

雍正九年四月二十七日，据圆明园来帖内称，本月二十五日，栢唐阿马维祺为烧珐琅活计立窑用高二尺八寸，宽二尺，长二尺五寸，木桌六张；高五尺，宽三尺，立柜一件；板凳六条；水缸二口；长七尺，宽六尺，铁顶火一分。回过内务府总管海望：着用造办处库内无用木头做给。[3]

乾隆四年十一月十八日，七品首领萨木哈、催总白世秀将唐英交出画样十一张，内烧造得：白釉双耳瓶七件、白釉长嘴瓶十二件、白釉双管瓶十四件，白釉葫芦瓶八件，白釉蒜头瓶二十三件，白釉观音瓶十二件，白釉长圆瓶四件，白釉三级瓶十二件、白釉胆瓶二十一件。奉旨：将填白釉水瓶俱烧珐琅。于本日将填白瓶共一百十二件，水盛、笔洗等共一百三十八件，交栢唐阿六十送赴圆明园讫。于本日催总邓八格将填白瓶共一百十二件领去烧造珐琅用。[4]

---

[1] 中国第一历史档案馆、香港中文大学文物馆编：《清宫内务府造办处档案总汇》卷三，人民出版社，2005年版，106页。
[2] 中国第一历史档案馆、香港中文大学文物馆编：《清宫内务府造办处档案总汇》卷五，人民出版社，2005年版，47页。
[3] 中国第一历史档案馆、香港中文大学文物馆编：《清宫内务府造办处档案总汇》卷五，人民出版社，2005年版，48页。
[4] 中国第一历史档案馆、香港中文大学文物馆编：《清宫内务府造办处档案总汇》卷八，人民出版社，2005年版，278页。

2. 珐琅彩瓷在圆明园中的收藏

珐琅彩瓷器烧成后每件物品要经皇帝过目品评，登记造册，配匣收藏，甚至藏于何处，皇帝都有十分具体的安排。乾隆帝除承前制继续烧制珐琅彩瓷外，还对宫中收藏的珐琅彩瓷器进行整理，品评选定之后，订立品名，刻字作匣收纳。紫禁城内珐琅彩瓷主要收藏于乾清宫端凝殿左右屋。圆明园中的珐琅彩瓷，除一些殿宇摆放陈设外，大部分集中收藏于镂月开云的御兰芬。自乾隆三年（1738）九月开始，乾隆帝陆续降旨为清宫画珐琅器配制楠木匣，将之珍藏在乾清宫和镂月开云。

乾隆七年（1742）十二月二十六日，司库白世秀将配得木座瓷胎珐琅胆瓶一对，持进交太监高玉等呈览。奉旨：着交慎修思永。[1]

镂月开云（图29）是圆明园四十景之一。位于后湖东岸，西邻皇帝的主要寝宫九州清晏，南为皇帝日常处理政务的勤政亲贤。在康熙朝后期这里已是当时皇四子胤禛花园的主要景观之一，原名牡丹台，因以牡丹著称而得名。康熙六十一年（1722）三月，康熙曾亲临此地赏花，并第一次见到了皇孙弘历，在这里康、雍、乾三朝天子共赏牡丹，成为一段佳话。雍正四年（1726）六月，雍正御书匾文"序天伦之乐事"。乾隆三十一年（1766）乾隆御题匾额"纪恩堂"。可见这里对雍正和乾隆有着特别的意义。牡丹台于乾隆九年（1744）改称镂月开云。御兰芬位于镂月开云殿北，为五开间前接三间抱厦的建筑。从档案记载来看，乾隆时期御兰芬还陈设有一些其他材质的精美器物，但主要集中收贮大量的"瓷胎画珐琅"器。

乾隆七年二月十三日，司库白世秀将配得座汉玉螭虎菱花腰

---

[1] 中国第一历史档案馆、香港中文大学文物馆编：《清宫内务府造办处档案总汇》卷十三，人民出版社，2005年版，534页。

图29　清乾隆九年沈源、唐岱绘圆明园四十景图之镂月开云（现藏法国国家图书馆）

圆杯一件，白玉荷莲杯一件持进，交太监高玉呈进。奉旨：着送往圆明园交御兰芬陈设。[1]

乾隆七年二月十三日，太监高玉等交磁胎珐琅松梅小瓶一对，锦上添花黄地四寸碟一对，磁胎珐琅酒钟一对，磁胎珐琅茶碗一

---

[1] 中国第一历史档案馆、香港中文大学文物馆编：《清宫内务府造办处档案总汇》卷十，人民出版社，2005年版，262页。

对。传旨：着送往圆明园，交开其里陈设在御兰芬。[1]

乾隆七年八月十二日，首领开其里交磁胎珐琅人物花卉四寸碟八件，磁胎珐琅酒圆一对。传旨：着送往圆明园御兰芬。[2]

乾隆七年八月十四日，首领开其里交磁胎珐琅矾红团花茶盅一对。传旨：着送往圆明园交御兰芬。[3]

乾隆七年十月二十五日，太监胡世杰交磁胎画珐琅观音瓶大小二对，磁胎画珐琅合欢瓶大小二对，磁胎画珐琅胆瓶大小二对，磁胎画珐琅茶吊一对，磁胎画珐琅五寸碟二对。传旨：着交御兰芬。[4]

乾隆七年十二月二十七日，司库白世秀来说，太监高玉等交磁胎画珐琅美人壶一对，磁胎紫色画珐琅三寸碟一对，磁胎画珐琅梅竹大碗一对，磁胎黄色锦上添花画珐琅三寸碟一对，磁胎画珐琅人物小碗一对，磁胎蓝色画珐琅三寸碟一对，磁胎画珐琅梅竹茶钟一对，磁胎黄色锦上添花画珐琅四寸碟一对，磁胎画珐琅兰花茶钟一对，磁胎画珐琅三有酒圆一对，磁胎黄地画流云钟一对，磁胎画珐琅三有双耳小瓶一对，呆白套蓝玻璃双连有盖瓶一件。传旨：将珐琅器皿俱送往圆明园交开其里在御兰芬陈设。再将玻璃双连瓶配座。[5]

---

1 中国第一历史档案馆、香港中文大学文物馆编：《清宫内务府造办处档案总汇》卷十一，人民出版社，2005年版，117页。
2 中国第一历史档案馆、香港中文大学文物馆编：《清宫内务府造办处档案总汇》卷十一，人民出版社，2005年版，149页。
3 中国第一历史档案馆、香港中文大学文物馆编：《清宫内务府造办处档案总汇》卷十一，人民出版社，2005年版，150页。
4 中国第一历史档案馆、香港中文大学文物馆编：《清宫内务府造办处档案总汇》卷十一，人民出版社，2005年版，523页。
5 中国第一历史档案馆、香港中文大学文物馆编：《清宫内务府造办处档案总汇》卷十，人民出版社，2005年版，273页。

乾隆七年十二月二十八日，催总邓八格来说，太监高玉交铜胎珐琅夔龙双耳瓶一对，铜胎珐琅四喜鳌花瓶一对，铜胎西洋珐琅花觚一对，铜胎西洋珐琅梅花盒一件，磁胎黄地青龙大磁瓶一对，磁胎番花大磁碗一对，磁胎画珐琅胆瓶一对，磁胎画珐琅观音瓶一对。传旨：将铜胎珐琅器皿俱各配座，其磁胎画珐琅瓶碗俱送往圆明园交御兰芬。[1]

据道光十五年七月十一日立《乾清宫珐琅、玻璃、宜兴、瓷胎陈设档》记载，乾清宫端凝殿收藏有康、雍、乾三朝的珍贵珐琅彩瓷400余件。这本账册所记录的器物，今收藏在台北故宫博物院。由于这批器物木匣上皆刻乾隆朝所订立的名称，故今皆可与《活计档》《珐琅陈设档》检索对照。据台北故宫博物院研究员廖宝秀女士考证，其中的一些器物原藏于圆明园御兰芬。[2] 例如：瓷胎珐琅矾红团花茶钟一对，瓷胎珐琅人物花卉四寸碟八件，瓷胎黄色锦上添花画珐琅三寸碟一对，瓷胎黄色锦上添花画珐琅四寸碟一对、瓷胎画珐琅观音瓶大小二对。不知何时，乾隆朝原收藏在御兰芬中的一些珐琅彩瓷器被运回紫禁城，集中收藏在端凝殿，后又辗转到了台湾。

从康熙帝开始延续到雍正、乾隆，在清宫造办处仿照欧洲画珐琅工艺烧造珐琅彩瓷器，自炼珐琅料，不仅是他们对艺术品的喜爱，也是清帝与"与西洋竞艺"思想的体现，正如乾隆在圆明园中修建西洋楼。虽然目前圆明园在考古发掘中还没有发现档案中记载的烧造珐琅彩瓷的瓷窑，甚至没有出土过珐琅彩残片，但通过档案的记载还原这段圆

---

[1] 中国第一历史档案馆、香港中文大学文物馆编：《清宫内务府造办处档案总汇》卷十，人民出版社，2005年版，274页。

[2] 廖宝秀撰：《从档案内品名看乾隆瓷胎珐琅彩诸问题》，载《故宫博物院八十华诞古陶瓷国际学术研讨会论文集》，紫禁城出版社，2007年版，149～158页。

明园与古代制瓷技术达到顶峰时期的产物，康、雍、乾时期最珍贵的艺术品之一珐琅彩瓷的烧造和收藏的历史也是圆明园瓷器研究的重要组成部分。

（四）圆明园流散文物中的瓷器

盛世时民间所藏，或前朝所储的历代珍玩和当朝制作的精品器物，通过各种途径归入内府。王朝衰败时，又散佚于民间。由于咸丰十年（1860）圆明园被英法联军洗劫焚毁的这段特殊历史，不仅圆明园的大部分建筑被焚毁，收藏其中的文物收藏、器皿陈设也被掠夺和破坏。其中很多经过挑选的精品被英法联军作为"战利品"献给两国的皇室，从此流失海外。这段抢劫御园的历史不仅在很多英法联军的回忆录中有记载，而且当年法军献给法国皇室的圆明园文物，现在收藏在法国枫丹白露宫中珍宝，也是实物的证明。瓷器作为中华文明的象征，被当时的欧洲人所喜爱，不仅是当时贸易的大宗商品，也是战争掠夺的主要目标。尽管瓷器易碎，尤其是大件瓷器不便长途运输，但从流传有序，可以作为圆明园收藏和陈设的部分再现的法国枫丹白露中的瓷器藏品来看，几乎全部是明清御窑瓷器，其中不乏体量大、纹饰美、制作难的精品，和北京故宫博物院和台北故宫博物院中收藏的清宫旧藏瓷器基本相同。其精美程度和艺术价值超过了圆明园目前出土的瓷器残片。

1. 圆明园文物的流散

康乾盛世时期，圆明园中的陈设和收藏，除少部分器物被皇帝移至别处宫苑和用于帝后赏赐等特殊用途，以及残损品被送出变价以外，很少流散出园。"乾隆元年十月二十三日，太监毛团交圆明园古玩内选出古玩113件。传旨：着送往寿皇殿敬谨供奉。"[1] 寿皇殿是供奉清朝历代皇帝御容的祖庙。乾隆元年（1736）从圆明园古玩中选出113件送到寿皇殿供奉，这些古玩应该是先皇雍正的遗物。"乾隆三十八年二月初十日，总管李裕交霁青白龙碟一件，随紫檀木座，破；定磁瓶一件，随紫檀木座，口破，含经堂。传旨：将瓶碟破处粘好，俱变价。于三十九年三月十四日，交崇文门领去讫。"[2] 即使是到了国势日衰的道光时期，因四方多难，库藏渐虚，道光帝力行节俭之政，万寿、玉泉、香山"三山"不复至，陈设全撤[3]。因他仍循旧制驻跸圆明园中，因此圆明园中陈设尚能维持原状。直到咸丰十年（1860），英法联军抢劫、焚毁了圆明园，不仅使这座"万园之园"化为断壁残垣，历朝所藏琳琅满目、堆积如山的收藏和陈设，有的葬身火海，有的流散异乡，有的不知藏身何处。

咸丰十年（1860）六月，英法联军攻至天津大沽口，由于清廷退让乞和，以至于痛失歼敌良机，使大沽口炮台失陷。之后清军与英法联军又在通州城西的八里桥决战。同年八月初七日（9月21日）清军失利，统兵大臣亲王僧格林沁和大学士瑞麟不战而逃，节节败退，联军即将兵临城下。第二天凌晨，懦弱的咸丰帝以"北狩"为名，从圆明园仓皇逃亡热河避暑山庄。同时令僧格林沁移师海淀，又令恭亲王留京"督办和局"。这时的北京已是百官皆散，军卒溃逃。八月二十二日（10月6日），英法联军抵达北京，经安定门外扑向城西北。英军因遇到中国骑兵被阻，法军从海淀向北，在这天黄昏时闯进圆明园大宫

---

[1] 中国第一历史档案馆、香港中文大学文物馆编：《清宫内务府造办处档案总汇》卷七，人民出版社，2005年版，80页。

[2] 中国第一历史档案馆、香港中文大学文物馆编：《清宫内务府造办处档案总汇》卷三十六，人民出版社，2005年版，599页。

[3]（清）吴振棫著：《养吉斋丛录》卷十八，北京古籍出版社，1983年版，239页。

门。此时僧格林沁、瑞麟的残兵已经逃往西直门以南或清河以北。圆明园数千护军也都先敌而逃。昔日戒备森严的御园宫门,已是空空洞洞。法军在圆明园的第二道宫门出入贤良门,遇到技勇八品首领任亮率领的圆明园技勇太监们的抵抗。经过短暂的交战,法军于晚七时占领圆明园。八月二十三日(10月7日)英军司令格兰特和公使额尔金来到圆明园。关于如何瓜分这些堆积如山的财宝,英法联军最高统帅经商议决定,成立一个联合委员会,共同分派园中宝物。他们将掠夺品的大部分作为礼物,送给英法两国的皇室。强盗们将别人的财宝以暴力的手段据为己有,然后赠送给各自的君主作为献礼。英军将其中最珍贵的宝物送给英国女王。法军将分得的珍宝装箱运回法国,献给拿破仑三世和欧仁妮皇后。无论是献给两国的皇室还是据为己有,除了武器和生活用品几乎空手而来的英法联军,从圆明园离开时都是满载而归。更可悲的是,由于园内的陈设和收藏数量众多,即便英法联军运输圆明园珍宝的车队如此长,实际上大部分的珍宝还是由于无法携带,而被英法联军残忍地毁坏并葬身火海。尤其是易碎的瓷器,这也是目前圆明园出土的瓷器无一完整器,而且有的器物残片因被大火焚烧过,釉面发黑变色的原因(图30)。

10月7日英军将领到达之后,我们开始商量怎么处理圆明园里的财宝,根据我们已经接到的训令,除了条例中规定的每支军队应得的那些财富之外,我们决定两军平分这些财宝。于是,每支军队各派出三名专员负责把最稀有的珍宝先挑出来,这样才能保证公平,要想搬走所有的宝贝根本是不可能的,我们的运输力量实在是太有限了,英军由额尔金勋爵负责挑选宝贝,我坚持让代表英国女王的英军先选,这是法兰西应有的风度。额尔金勋爵

图 30 经过焚烧的清代粉彩瓷地砖（长春园如园出土）

选了一根中国皇帝的翠玉权杖，中国人认为这种玉价值极高。之后，我们找到另外一根相似的权杖，理所当然这根要献给法国皇帝陛下。财宝瓜分就在这种真诚的氛围中进行，轮到法国挑选宝贝的时候，也有三名指定的专员监督。

在这些珠宝当中，有七件财宝单列在一旁，我们准备把它们送给特使葛罗男爵、陆军大臣、冉曼将军、柯利诺将军、海军司令沙内、以及海军准将巴热和卜罗德；其余财宝都打包装箱，以法国皇帝的名义送给皇后陛下，由炮兵军官肖兰护送回巴黎。

——法军总司令库赞·德·蒙托邦[1]

---

1 [法] 库赞·德·蒙托邦著，王大智、陈娟译：《蒙托邦征战中国回忆录》，中西书局，2010 年版，308 页。

在到达海淀的时候，法国军队只有一辆车子，是将军坐的，车子上放着将军的帐篷和行李箱。在军队出发的时候，我不知道他们从哪里找到了一大批车子，上面载满了东西，这个车队的通过就要持续好长的时间。至于英国的行李队伍，长得让人难以置信。这支漂亮的队伍足足有八公里长。

——法国埃里松[1]（法军蒙托邦将军的英语翻译）

这些东西除了其本身就价值连城外，做工细巧，外形精美，加之又珍奇罕见，令人着迷，但是这一切都付之一炬了。只有很少几件东西，由军官救出，免遭焚毁之劫，但是因为运输困难，所以真正保留下来的很少。

——英随军牧师麦吉[2]

英法联军退出后，清廷立即开展大规模的清查运动，缉拿抢劫御园文物的人员，收缴在此次劫难中流散的皇家用品。咸丰十年（1860）八月至次年（1861）九月，胜保将军先后六次对圆明园八旗各营房、圆明园周围海淀、安河桥、六郎庄、北沙涧、唐家岭、昌平等地区进行逐户的大搜查，共搜回御园禁物1000余件，登记造册，重归内府。

与清廷收缴的御园禁物相比辗转流落海内外的圆明园文物数量更多，收藏情况极为复杂。圆明园及周边皇家园林的珍宝作为"战利品"被运到英国和法国，部分被英法两国皇室收藏，部分被军士私人所得或卖给博物馆、古董商，或被其传之子孙世代收藏。其中皇室的收藏

---

1 [法]埃里松著，应远马译：《翻译官手记》，中西书局，2010年版，243页。
2 [英]麦吉著，叶红卫、江先发译：《我们如何进入北京——1860年在中国战役的记述》，中西书局，2010年版，184页。

流传有序而且更为集中。

2. 法国枫丹白露宫中收藏的圆明园瓷器

1860年英法两军大肆搜掠圆明园珍宝。法方所获的大部分"战利品",由蒙托邦将军用七辆双轮马车进献给法国皇帝拿破仑三世和欧仁妮皇后。这些"礼物"最初被运到杜伊勒利王宫。次年二月在王宫马桑厅向公众展出(图31),展览一直持续两个月,观众络绎不绝。正如法国作家雨果在《致巴特雷上尉的信》中所说:"法兰西帝国侵吞了一半宝物,现在她居然无耻到这样的地步,还以所有者的身份把夏宫的这些美轮美奂的古代文物拿出来公开展览。"[1]1863年欧仁妮皇后将这些珍宝中的大部分移至枫丹白露宫。本书以流传有序的被法国皇室收藏

图31 1861年杜伊勒利王宫展出远征军带回的中国珍玩

---

[1] 张恩荫、杨来运编:《西方人眼中的圆明园》,对外经贸大学出版社,2000年版,3页。

于枫丹白露宫中的瓷器为例。它们大多是比较完整而且经过挑选的精品，不仅可以与档案或回忆录中的记载相印证，补充出土文物的品类，更重要的是将其与收藏在故宫的清宫旧藏相对照，可进一步证明盛时圆明园与紫禁城的收藏、使用的瓷器来源相同，数量、种类不相上下。

巴黎市郊的枫丹白露宫是法国历史上多位君主避暑消夏的行宫。拿破仑三世的皇后欧仁妮对此地尤为喜爱。欧仁妮皇后喜爱中国艺术品，这也是她支持英法联军远征中国的原因之一。她将法军进献的众多圆明园珍宝移到枫丹白露宫，并在这里建中国馆，以收藏这些稀世奇珍。馆内艺术品的放置，不分年代和材质，根据器型和可用的空间，全部充填满当。有的挂在墙上，或摆在桌上，还有的陈列在具有中式家具风格的玻璃柜中。装饰天花板的是三幅巨大的乾隆三世佛缂丝唐卡。一个珐琅香炉盖被改造成大吊灯。大厅中央摆放金碧辉煌的大佛塔，佛塔两边是一对铜鎏金龙，还有成对的象牙，十分引人注目。玻璃柜和多宝格中陈设有商周青铜器，历代官窑瓷器，各色珐琅器，各种玉雕和翡翠、玛瑙、珊瑚、水晶、雕漆等工艺品。这里收藏的稀世奇珍，可以说是圆明园收藏和陈设的部分再现（图32）。

现藏法国枫丹白露宫的圆明园瓷器种类丰富。大件瓷器多摆放在四角的木制格架中，已经快接近天花板。这种瓷器的陈设方式固然是欧洲瓷器陈设的传统，也说明瓷器数量很多。体量略小的器物放置在具有中式家具风格的玻璃柜中。这里摆放的瓷器时代多为明、清御窑精品，其中又以清代康熙、乾隆御窑瓷器为主。瓷器的釉彩种类中五彩、洋彩、红彩、珐琅彩等彩瓷的数量比青花、单色釉数量更多。瓷器的器型以瓶、尊、觚、缸、瓷板、瓷人物像为主，而且多成对收藏，一般的盘、碗等日用器不多。由此可见当时抢掠的英法联军与中国人不同的审美标准，他们喜爱颜色艳丽、图案丰富、器型奇巧的瓷器。

上篇 御园奇珍

图32 法国枫丹白露宫中国馆内的藏品

同时他们抢劫的,尤其是献给法国皇室的"珍宝"是经过精心挑选的,这也与他们回忆录中提到的"每支军队各派出三名专员负责把最稀有的珍宝先挑出来"献给英法两国皇室的记载相吻合。这些御窑名品瓷器,很多与北京故宫博物院和台北故宫博物院中的清宫旧藏瓷器相似。如明永乐青花缠枝莲纹碗、康熙五彩将军罐、康熙五彩人物纹盘、康熙五彩棒槌瓶、乾隆洋彩堆塑婴戏瓶、乾隆红彩甘露瓶、嘉庆洋彩开光御制诗文茶壶、道光黄地粉彩飞鹤纹碟。还有因烧制难度大、成本高,在乾隆八年(1743)皇帝下旨减少烧制数量,因此存世不多的白釉玲珑瓷,以及乾隆朝督陶官唐英为博君心特制的蓝地粉彩莲花纹镂空套瓶。

青花缠枝莲纹碗(图33)

图33 清青花缠枝莲纹碗(现藏法国枫丹白露宫)

图34 明永乐青花缠枝莲纹碗(摘自《故宫博物院藏明初青花瓷》)

此碗形制颇大,花果描绘生动,直口,弧壁,圈足。通体青花纹饰,碗心绘折枝石榴,果实硕大,寓意"多子多福"。里壁饰折枝花果纹,里口沿饰折枝花纹。外口沿饰忍冬纹,外壁饰缠枝莲纹。此碗与现藏北京故宫博物院的明永乐青花缠枝莲纹碗相似(图34)。

珐花折枝花纹双耳瓶(图35)

珐花器始烧于元,原流行于山西,明代景德镇开始用瓷胎仿烧,一直延续到清代。图案轮廓均先以沥粉法勾勒而成,用色料填上色彩,再次烧造而成。珐花折枝花纹双耳瓶撇口,长颈,溜肩,足部外撇。通体以茄皮紫色为地,孔雀蓝、白、等素色交错使用,高雅别致。颈部两侧贴塑折枝花形耳,瓶身装饰枝叶招展的折枝牡丹纹。此瓶与现藏北京故宫博物院的明万历珐花紫地折枝牡丹纹双耳瓶(图36)相似。

图35 珐花折枝花纹双耳瓶(现藏法国枫丹白露宫)

图36 明万历珐花紫地折枝牡丹纹双耳瓶(摘自《故宫博物院藏文物珍品大系:杂釉彩素三彩》)

清康熙五彩凸雕人物棒槌瓶（图37）

瓶体突破平面绘画的格局，凸雕、堆塑与绘画相结合。寿星、童子等人物及松、梅纹饰为立体凸雕堆塑，树干、朵云以及口边、肩、胫部为五彩绘画。通体以五彩为饰，局部运用璀璨的金彩，使器物更加富丽堂皇，为康熙御窑五彩中的名贵品种。

清康熙五彩人物纹盘（图38）

器型较大，以五彩为饰。盘沿为锦地装饰，开光内绘杂宝纹。盘心绘两军对垒的激烈战争场面。旌旗招展，战马奔腾，大将身披铠甲，威风凛凛，俗称"刀马人"。画面气势恢宏，色彩热烈，线条刚劲，为康熙五彩器中的精品。

图37 清康熙五彩凸雕人物棒槌瓶（现藏法国枫丹白露宫）

图38 清康熙五彩人物纹盘（现藏法国枫丹白露宫）

清雍正茶叶末釉双龙耳弦纹瓶（图39）

北京故宫博物院收藏的这件清雍正茶叶末釉双龙耳弦纹瓶腹部从右至左有毛笔书写楷书"嘉庆十五年九月十一日回园时哈拉□□撒下耳伤回明二位大人着库存收讫特记"三十四字。从中可知，嘉庆十五年（1810），这件瓶子在回圆明园的途中被哈拉□□摔坏一耳。[1] 在法国枫丹白露宫也收藏有一件茶叶末釉双龙耳弦纹瓶（图40），为1860年法军从圆明园掠走。这两件器物造型、纹饰、釉色均相同。

图39 清雍正茶叶末釉双龙耳弦纹瓶（摘自《故宫博物院八十华诞古陶瓷国际学术研讨会论文集》）

图40 清茶叶末釉双龙耳弦纹瓶（现藏法国枫丹白露宫）

---

1 故宫博物院古陶瓷研究中心编：《故宫博物院藏古陶瓷资料选粹》卷二，紫禁城出版社，2005年版，186页。

茶叶末釉始见于唐代，盛烧于清，釉面黄绿掺杂，古朴清丽，因釉色似茶叶末而得名。双龙耳弦纹瓶的器型源于唐代双龙瓶。清代仿烧器比唐器更显挺拔秀丽。盘口，长颈，腹部下收，两侧口、肩之间对称置龙形柄，颈部有突起弦纹五道，肩部贴六朵团花。

也许这两件瓶本为一对，因嘉庆十五年（1810）回圆明园途中搬运不当，一件因损伤归库保存，而留在了紫禁城。一件随皇帝回到了圆明园，却难逃劫掠，最终被掠往法国，自此两瓶天各一方。当然这只是一种推测，有待于进一步查证。从档案记载来看圆明园的器物与紫禁城中的器物，皆为御窑厂生产御用器，而且很多清帝珍爱的器物是随皇帝而行的。北京故宫博物院收藏的这件双龙耳弦纹瓶上的墨书，也为档案记载提供了实物证明。

清玲珑瓷瓶和玲珑瓷盏（图41）

清玲珑瓷瓶和玲珑瓷盏胎体轻薄，通体施白釉，外壁隐约可见番莲纹和卷枝纹。在古代玲珑瓷的烧制难度很大，首先必须具备宛如蛋壳一样的薄胎，镂空的花纹由米粒状的孔洞组成，再用特制透明釉将孔填平，施釉后入窑烧造。烧成后镂空的图案，在轻薄如纱的透明釉的笼罩下迎光可见，给人以清新明亮之感。镂空纹饰的空间推算要求十分精确，各个镂空孔的排列疏密必须均匀，否则一经高温窑火就会变形或坍塌。因烧造难度大、成本高，乾隆八年（1743）乾隆帝曾下旨"其新式玲珑巧工瓷器不必照随常瓷器一样多烧"。因此清朝壁薄穿透、釉层若纱的玲珑瓷的制作不多，留存的传世品就更稀少。目前这种白釉玲珑瓷在北京故宫博物院和台北故宫博物院（图42）中有收藏。

图41 清玲珑瓷瓶和玲珑瓷盏（现藏法国枫丹白露宫）

图42 清乾隆甜白番莲纹碗（现藏台北故宫博物院）

清红彩甘露瓶

甘露瓶也称藏草瓶，是一种藏传佛教风格的瓷器，一般用于赏赐西藏僧侣，或供于佛堂内。甘露瓶小口，细长束颈，腹部扁圆，覆盘式足。内壁施白釉，外壁以矾红彩绘纹饰。颈部、肩部与底座上绘莲瓣纹，腹部主题纹样为莲纹。明代成化官窑曾烧制过青花甘露瓶，清代雍正、乾隆官窑烧制过红彩、斗彩甘露瓶。圆明园的佛堂也曾陈设过这种红彩的甘露瓶。"乾隆三十五年四月初六日，太监胡世杰交红花白地甘露瓶三十二件。传旨：着配座交圆明园新宫摆。"[1]此架上陈设有一对红彩甘露瓶（图43），与现藏南京博物院的清乾隆红彩甘露瓶（图44）基本相同。同时此架上还陈列有红彩贲巴壶，均为藏传佛教风格的瓷器。

---

[1] 中国第一历史档案馆、香港中文大学文物馆编：《清宫内务府造办处档案总汇》卷三十三，人民出版社，2005年版，318页。

图 43 法国枫丹白露宫瓷器展架上的一对红彩甘露瓶

图 44 清乾隆红彩甘露瓶（现藏南京博物院）

清乾隆蓝地粉彩莲花纹镂空套瓶（图 45）

清乾隆蓝地粉彩莲花纹镂空套瓶呈胆式，细长颈、垂腹、圈足。瓶口、足部涂金彩，瓶颈近口沿处、圈足外墙以黄地轧道粉彩花卉纹装饰，颈部饰蓝地轧道粉彩勾莲纹，腹部饰青釉镂空描金夔凤纹。瓶内附一小瓶。此瓶先在高温下将青釉、白釉一次烧成，完成彩绘描金后再经低温烧成，体现出当时制瓷工艺的高超水平。此瓶式样是督陶官唐英为乾隆帝定烧的特殊品种。相同的瓷瓶在北京故宫博物院（图46）和台北故宫博物院均有收藏。

图 45 清乾隆蓝地粉彩莲花纹镂空套瓶（现藏法国枫丹白露宫）

图 46 清乾隆蓝地粉彩莲花纹镂空套瓶（摘自《故宫博物院藏清盛世瓷选粹》）

清道光黄地粉彩飞鹤纹碟（图 47）

碟内外通体施黄釉，以白、黑、红三色描绘形态各异的仙鹤，或飞或站，或伸脖或曲颈，描绘精准，釉色明亮。仙鹤是寓意延年益寿的"一品鸟"，仙风道骨为羽族之长，姿态优美、高雅大方，传说享有千年寿命，代表长寿富贵。北京故宫博物院现存此式碟四件（图 48），还有同纹饰的碗和羹匙。为道光二十年（1840）为道光皇帝万寿所烧的"慎德堂制"款瓷器。此盘是御窑为圆明园慎德堂定烧的堂名款瓷器，可惜不知是否旧藏于慎德堂。

图 47　清道光黄地粉彩飞鹤纹碟（现藏法国枫丹白露宫）

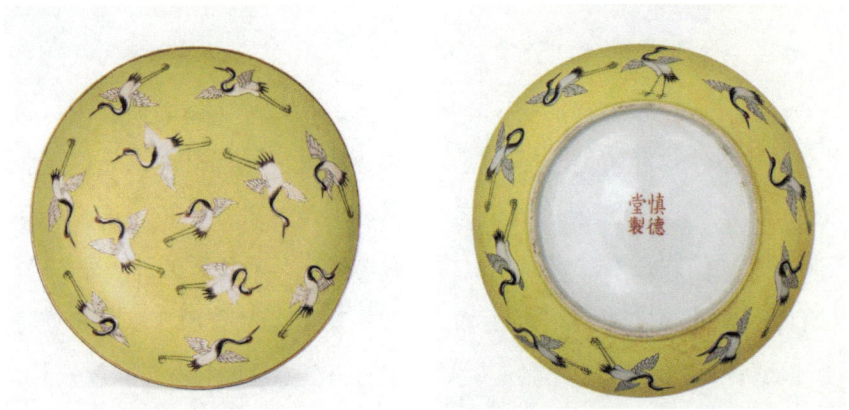

图 48　清道光黄地粉彩飞鹤纹碟（摘自《故宫博物院藏慎德堂款瓷器》）

清嘉庆洋彩开光御制诗文茶壶（图49）

茶壶由壶盖、壶身两部分组成。壶盖口沿、顶纽均描金，盖纽设计巧妙，似一朵绽开的鲜花，正中顶尖为花蕊；盖面为黄地绘番莲花。壶身亦为黄地，口部、足部为粉红勾莲纹，间以淡蓝色小花；口沿下为如意云头纹，壶腹左右两侧各为海棠形开光，内以红彩写有楷书嘉庆御制"佳茗"五言诗，开光以外壶身及壶柄、弯流均为番莲纹饰。嘉庆丁巳（嘉庆二年·1797年）御制"佳茗"诗："佳茗头纲贡，浇诗必月团。竹炉添活火，石铫沸惊湍。鱼蟹眼徐飐，旗枪影细攒。一瓯清兴足，春盎避轻寒。嘉庆丁巳小春月之中澣。御制。"其后有"嘉""庆"圆形、方形二印玺。台北故宫博物院收藏有相似的器物（图50）。

图49 清嘉庆洋彩开光御制诗文茶壶（现藏法国枫丹白露宫）

图50 清嘉庆洋彩开光御制诗文茶壶（现藏台北故宫博物院）

下篇

残瓷之美

圆明园出土的瓷器残片

自 1976 年圆明园管理处成立以来，逐步开始建设圆明园遗址公园。从 1984 年起，先后整修了福海、绮春园和长春园的山形水系，清理古建基址。1988 年圆明园遗址被列为全国重点文物保护单位。2004 年开始的圆明园遗址西部整治工作基本恢复了圆明园九州景区的山形水系，清理、整修了坦坦荡荡、杏花春馆、上下天光、万方安和等建筑遗址。2001 至 2003 年北京市文物研究所对长春园宫门区遗址和含经堂遗址进行了考古发掘。自 2015 年以来北京市文物研究所对圆明园大宫门、如园、紫碧山房、舍卫城、澹泊宁静等遗址进行了科学的考古发掘，发现了很多重要的遗迹和珍贵的文物。

圆明园目前收藏有历年遗址整修和考古发掘中出土的玉、瓷、铜、石等各类文物七千余件。劫难中它们因深埋地下而留在了故土，能历经坎坷而幸存至今实属不易。虽然这些文物饱经沧桑，大多已经残缺不全，难觅昔日的辉煌，但它们可以说是最真实的圆明园文物，是历史的见证和载体。圆明园昔日的兴衰荣辱，先人的喜怒哀乐，都会在文物中呈现出来。

瓷器残片是目前圆明园出土文物中数量最多的，而且大多是有款识的御窑器物，器型丰富，釉色齐全，价值很高。文物工作者对这些出土的瓷器残片进行清理，根据器型、釉色、纹饰等进行分类、研究，并从中选取出有价值，且能够修复的器物，查找病害，绘图、拍照，制定修复方案。遵循"真实性""可逆性"和"最小干预性"原则，通过科学严谨的修复工作，祛除文物本身的病害，使其益寿延年。通过文物修复和研究工作尽可能地恢复出土瓷器残片的历史原貌，弥补圆明园瓷器藏品无完整器的遗憾。使观众在面对着遗址惋惜、哀叹的同时也能够了解圆明园昔日的辉煌。

圆明园出土的瓷器无一完整。有的是清廷皇室成员在使用中损坏，或是为他们服务的宫女、太监、杂役在服务过程中损坏的。这部分损毁瓷器以盘、碗、碟、杯等日用瓷为主,当时大多集中填埋处理。有的毁于1860年英法联军之手,这部分损毁瓷器日用瓷和陈设瓷都有。虽然都已成残片,但它们是最纯粹的,没有任何疑问的圆明园文物,而且品种齐全、数量众多、质量精湛、真实可靠、来源清楚。这些瓷器残片与窑址出土的、烧造未成而废弃的残片不同,它们原本是经千挑万选、质量上乘的御窑瓷器,伤残多由后天所致,即使已经成为碎片,仍然质地优良,难掩昔日的辉煌。其中有的残片经修复后基本完整,还原了本来的面貌。尤其是康、雍、乾时期的瓷器残片,胎质精良坚实,釉质纯净无瑕,色彩细腻鲜艳,修坯一丝不苟,款字书写工整。即使是残碎的瓷片,从研究的角度上说,也有着完整器所不能比拟的优势。通过观察这些瓷片的胎体断面和彩釉,可以了解清代不同时期的瓷器烧造特征。

圆明园出土的瓷器残片时代包括康熙、雍正、乾隆、嘉庆、道光朝,其中以康熙朝器物数量最多,釉彩种类和纹饰最为丰富。虽然康熙朝圆明园还仅是皇四子胤禛的赐园,不可能大量收藏、使用御用器物,但康熙朝持续时间长,瓷器烧造数量多,从清宫档案来看,直至乾隆朝中期,瓷器库中还保存了大量的康熙、雍正朝器物。乾隆二十九年(1764)十一月清查瓷库,收贮康熙年款圆琢器二十七万三千二百七十二件。雍正年款圆琢器十六万四千五十三件。乾隆年款圆琢器十七万二千八百十四件。[1] 圆明园中的康熙朝瓷器可能是雍正朝圆明园成为御园后,某位皇帝贮藏于园内的。根据圆明园建园和被毁的年代,目前尚未发现咸丰朝器物。咸丰朝内忧外患接踵而

---

1 中国第一历史档案馆、故宫博物院编:《清宫内务府奏销档》,70册,故宫出版社,2014年,284页。

至，御窑厂实际烧造瓷器仅四年，瓷器数量无法与康、雍、乾三朝相比，目前传世品也不多。

残片器型以盘、碗、杯、碟等宫廷宴饮用具为主，也有少量陈设瓷、文房用具及供器的残片。其中盘、碗、杯、碟，相同器型、尺寸、纹样、釉色的重复件数量很多，应为清代景德镇御窑厂每年例行烧造，运送京城的大运瓷器。由此也可以印证上编中所引用的《造办处活计档》中，皇帝将大运瓷器中相当一部分都送到圆明园收贮的记载。

残片彩釉种类包括：青花、釉里红、青花釉里红、五彩、素三彩、斗彩、粉彩、色地彩等彩绘瓷器以及黄釉、红釉、蓝釉、紫釉、酱釉、绿釉、青釉、白釉等颜色釉瓷器。虽然档案记载雍正、乾隆年间造办处曾在圆明园烧制珐琅彩瓷器，乾隆帝也曾在镂月开云的御兰芬殿内大量收藏珐琅彩瓷器，但目前尚未发现珐琅彩瓷器的残片。

残片纹饰除龙凤纹等具皇家风范的题材之外，多是如八仙祝寿、仕女婴戏、松鹤蝙蝠、灵芝牡丹等有吉祥寓意的纹饰，还有部分具有文人雅趣的纹饰如岁寒三友、自然山水等和一些西洋风格的纹饰。有的器物纹饰集诗、书、画、印于一体，视器面为纸面，极力模拟文人画的风格，花卉娇艳，雀鸟逼真，山水清逸，人物儒雅，极富中国画神韵。清帝重视祥瑞，皇室用器"图必有意，意必吉祥"。纹饰取材象征万事如意、四时安和、福寿绵长的吉祥母题，传达纳福迎祥的喜庆愿望。这些取材于历史典故、民俗传说的吉祥图案浸润中国文化底蕴，通过动物、植物、人物和文字互相结合，表达寓意。通过人物表现有：八仙祝寿、福禄寿三星、仕女婴戏。以植物表现有：寿桃、灵芝、水仙、松、竹、梅、牡丹、菊花、莲花。以动物表现有：龙、凤、蝙蝠、仙鹤、雉鸡、蝴蝶。以宗教图案表现有：梵文、八吉祥、结带八吉祥、法轮。以文字表现有：寿、吉、卍。通过纹饰的描绘，将福善之事，喜庆之兆，古今祥瑞，集于一器之上。还有的将乾隆御制诗以书写的方式烧造在瓷器上，作为瓷器装饰纹样的一部分。纹饰的装饰技法多样，根据不同的釉彩、器型，通过绘、刻、划、印、镂空、堆塑等方法单独使用或综合各种技法于一件器物。尤其是绘画与暗刻相结合的技法，在胎体未干时刻划花纹，然后再施彩的器物，烧成后两种纹饰十分和谐。

带有款识的残片款识字体规整、端正。款识位置大多在器物底部的中心。特殊器型如乾隆青花缠枝莲梵文高足碗，底足内白釉，一侧有青花篆书横款"大清乾隆年制"。康熙、雍正器物多双圈六字楷书款"大清康熙年制"和"大清雍正年制"。雍正朝器物也有六字篆书款"大清雍正年制"。乾隆、嘉庆、道光时期篆书款风行一时，多为"大清乾隆年制""大清嘉庆年制""大清道光年制"六字篆书款。这种篆书款增多的现象也印证了乾隆二年（1737）《活计档》中的记载"乾隆二年十月十三日，盘、碗、盅、碟俱用篆字款，要周正。于本月十六日，太监毛团、胡世杰、高玉交篆字款纸样一张。传旨：以后烧造尊、瓶、罐、盘、盅、碗、碟瓷器等，俱照此篆字款式轻重成造。"[1]残片款识无论是楷体还是篆体，无论是青花、釉里红还是斗彩、颜色釉、五彩，多为青花料写款（康熙黄地紫绿彩残片的青花款识，外围双圈和款字因被黄釉覆盖而成黑褐色）。只有乾隆粉彩仿生器中有金彩的"大清乾隆仿古"不同的款识。

清帝仰慕古代名窑瓷器，以至于不惜物力、人力悉心摹古。宋代汝、官、哥、定、钧五大名窑的瓷器，明永乐、宣德、成化、嘉靖、万历皆有仿制，荟萃了古代瓷器的精华。仿明御窑瓷器成为当时宫廷制瓷的审美风尚，流行一时。清帝对明代御窑瓷器极为推崇，常以其

---

[1] 中国第一历史档案馆、香港中文大学文物馆编：《清宫内务府造办处档案总汇》卷七，人民出版社，2005年版，798页。

作为模仿范例烧造本朝瓷器。遵照皇帝旨意为瓷器画纸样或镟木样,甚至以内廷收藏的古瓷为样品,发御窑厂照样烧造。"雍正三年正月十九日,郎中保德、员外郎海望交成窑五彩罐一件,传旨嗣后烧珐琅并磁器,俱照五彩罐上花样画,尔仿此样亦烧做几对。"[1] "乾隆三十四年二月十八日,太监胡世杰交大明成化年制款五彩莲荷碗一件,木座。养心殿库贮。二等。传旨:着发往江西,照样烧造大清乾隆年制款碗十件送来。再照碗样收小镟一木样呈览。准时亦发往江西照样烧造大明成化年制款五彩莲荷碗一件,到时在奉三无私玻璃阁内换摆。"[2] 圆明园出土的瓷器残片中一部分是清代御窑仿明永乐、宣德器物,有的是仿其器型,有的是仿其纹饰,有的是仿其釉色。不仅造型、纹饰均追摹永、宣器物,且青花呈色也人为仿效。比较典型的是雍正缠枝花纹扁壶,虽由于使用国产青料仿永、宣青花色泽,缺少永、宣青花自然流淌、深入胎骨的天然韵味,但也颇具匠心。在原造型与纹饰的基础上又有所变化和发展,仿中有创。圆明园出土的仿明朝瓷器的残片款识均为清代本朝款。雍正朝的《古玩图卷》(图51)是以圆明园收藏的实物为题的画作,能真实地反映雍正时期圆明园的收藏和陈设情况。图卷中有青花婴戏图碗(图52),从画面中很难辨认出是明代瓷器还是清仿明代瓷器,但圆明园中

图51 清雍正《古玩图卷》局部(摘自《得佳趣:乾隆皇帝的陶瓷品味》)

---

1 中国第一历史档案馆、香港中文大学文物馆编:《清宫内务府造办处档案总汇》卷一,人民出版社,2005年版,405页。
2 中国第一历史档案馆、香港中文大学文物馆编:《清宫内务府造办处档案总汇》卷三十二,人民出版社,2005年版,604页。

图 52　明成化青花婴戏图碗（现藏台北故宫博物院）

图 53　清康熙青花婴戏图碗残片[1]

确有康熙仿明青花婴戏图碗的残片出土（图 53）。

现从瓷器残片中挑选典型器物予以介绍。依瓷器残片的釉彩种类划分为：青花瓷、釉里红瓷和青花釉里红瓷、颜色釉瓷、杂釉彩瓷和素三彩瓷、五彩瓷、斗彩瓷、粉彩瓷。瓷砖和瓷镶嵌件因形制特殊故单列为附录。每章内容以瓷器残片制作的朝代先后为序，依次为康熙、雍正、乾隆、嘉庆、道光。同朝代的器物再根据龙、夔龙、龙凤、人物、宗教图案、文字、花草、动物等不同纹饰以及托杯、杯、盘、碗、瓶、其他等不同器型次第排列。

1　本书中圆明园出土的残片和修复后完整器，若无特别说明，均现收藏于圆明园管理处，不另作标注。

第一章
青花瓷

　　青花瓷器是以氧化钴为着色剂，直接在胎上描绘纹饰，再罩以透明釉，经1300℃左右的高温一次烧成的釉下彩瓷。蓝色的花纹与洁白的胎体相映衬，恬静素雅，清新明快，宛如画在纸上的蓝色水墨画。青花瓷自元代臻于成熟，明清两代烧制达到顶峰，成为瓷器生产的主流。由于选料、提炼及画法的不同，历代青花瓷器各具特色，每个时期都有冠绝一时的名品。清代的青花瓷既对前朝继承模仿，又善于创新，是青花瓷器发展的又一个黄金时代。

　　圆明园出土的瓷器残片中青花数量最多，器型和纹饰也最为丰富。器型以盘、碗、杯、碟等用具为主，也有花插、扁瓶等陈设瓷及绣墩等坐具的残片。承载着丹青之韵的青花瓷因有一层透明釉的保护，即使埋藏地下多年，经过简单的清理，仍然毫不褪色，纹饰清晰，历久弥新，具有斗彩、粉彩等釉上彩器不能相比的优点。纹饰有龙凤、八仙、仕女婴戏、松鹤蝙蝠、灵芝牡丹、岁寒三友、缠枝莲、梵文、八吉祥、寿字、吉字等。

龙纹是清代御窑瓷器中最常见的纹饰。龙是中国古代传说中的鳞虫之长，四灵之首，"能幽能明，能细能巨，能短能长，春分而登天，秋分而潜渊"。人们把所有灵性都汇集在龙身上，把它塑造成一个威猛矫健的形象，具有腾云驾雾、翻江倒海的非凡本领。远古时代人们把龙作为图腾来崇拜，自汉唐以后龙逐渐被统治者所占有。历代帝王都以"真龙天子"自居，龙的图案也成为他们"受命于天"的标志。明清两代龙纹一直被皇室垄断，体现着森严的等级观念。出土的瓷器残片上龙的姿态多样，有蛟龙出水、行龙驾云、双龙戏珠、穿花龙等。就龙的形体看有团龙、行龙、立龙、正面龙等。同时，龙纹的绘画日趋繁复，有程式化的倾向，也随着国势的强弱而变化，康熙盛世时龙纹凶猛强悍，有气吞山河之势，道光时期则羸弱老迈。

出土的瓷器残片中康熙、雍正、乾隆、嘉庆、道光各朝制品俱全，康熙朝青花数量最多。虽同为御窑器物造型多样、图案规整、笔法娴熟、制作精细是其共同的特点，但由于各朝皇帝的审美趣味不同，使得这些御窑青花呈现出不同的风貌。康熙青花是清代青花瓷器之冠。《匋雅》云："雍、乾两朝之青花，盖远不逮康窑。然则青花一类，康青虽不及明青之浓美者，亦可以独步本朝矣。"[1]《饮流斋说瓷》云："硬彩、青花均以康熙为极轨。"[2]虽有溢美之嫌，但从大量遗存实物来看，并非毫无

---

1 （清）陈浏（寂园叟）撰：《匋雅》，载伍跃、赵令雯标点《古瓷鉴定指南》初编，北京燕山出版社，1993年版，50页。
2 许之衡著：《饮流斋说瓷》，载叶喆民译注、刘伟配图《饮流斋说瓷译注》，紫禁城出版社，2005年版，60页。

道理。康熙青花器胎釉原料淘炼、配置精细。胎细白纯净,缜密坚硬,有"糯米胎"之美誉。修胎考究,薄厚均匀,手感相对稍重,圈足略高。青花残片中的薄胎瓷器晶莹剔透,几乎不见胎骨。釉质莹润光滑,有丝绸般的光泽,紧贴于胎骨之上,浑然一体。青花呈色有青翠和淡雅两种。用提炼精纯的珠明料烧制出青翠莹澈、明净艳丽的青花,给人以清新明快之感,有"翠毛蓝"和"宝石蓝"之誉。在绘画技法上,突破了传统平涂的单调,采用"分水"和西洋画的焦点透视技法,使纹饰不但具有丰富的色相,还有立体感。尽管只是单一的蓝色,但有浓淡深浅的层次变化,疏密得当,过渡自然,具有中国传统绘画"墨分五色"的韵味。这种多色阶的青花,使青花如五彩般缤纷,纹饰呈现阴阳向背,有"青花五彩"之称。《匋雅》云:"其青花一色,见深见浅,有一瓶一罐,而分至七色九色之多者,娇翠欲滴。"[1] 尽管雍、乾青花各有千秋,但造型、纹饰多沿袭康熙青花,嘉庆、道光以后各朝也多以模仿康熙青花为时尚。康熙青花烧造时间长,前后变化可分为早、中、晚三个时期。早期是康熙元年至康熙十九年(1662—1680),风格古拙质朴。中期是康熙十九年至康熙四十年(1680—1701),晚期是康熙四十年至康熙朝终(1701—1722)。[2] 圆明园出土的康熙青花残片从胎釉、纹饰和青花呈色来看,应是中晚期的制品。

雍正朝青花器由康熙时挺拔、遒劲的风格,转为柔媚、隽秀。胎体洁白坚致,比康熙时更为轻薄。雍正本朝青花呈色较为淡雅、柔和,没有太多深浅浓淡的层次渲染,纹饰布局简洁明快,线条纤细柔和,给人以疏朗清新,幽静雅致之感。圆明园出土的雍正青花瓷中日用器

---

1 (清)陈浏(寂园叟)撰:《匋雅》,载伍跃、赵令雯标点《古瓷鉴定指南》初编,北京燕山出版社,1993年版,16页。
2 陈润民主编:《清顺治康熙朝青花瓷》,紫禁城出版社,2005年版,111页。

多为本朝青花呈色，如青花花草纹碗残片、青花忍冬纹杯残片。此外，雍正皇帝博雅好古，常以明代青花的鼎盛时期永乐、宣德青花为蓝本进行仿制。永、宣青花使用进口"苏麻离"青料，色泽浓艳明丽，料汁浓重处自然形成灰褐色的氧化铁结晶斑，俗称"铁锈斑"。自明嘉靖朝起，历朝竞相仿效，其中以雍正朝仿制最为成功。圆明园出土的雍正青花缠枝花纹扁瓶为仿永、宣青花烧制。乾隆青花以呈色稳定、色泽明快，纹饰华丽而著称。胎体细腻坚密，比雍正时略厚，多为青白釉，匀净莹润，色彩纯正鲜艳，纹饰繁缛，规矩对称，并逐渐图案化。渐失康熙、雍正的古雅，由文雅含蓄变为繁复华丽。

  清代御窑生产从乾隆后期已开始衰退，嘉庆、道光后每况愈下。嘉庆青花瓷多沿袭旧制，有乾隆器的遗风，但质量已大不如前。胎体洁白，却欠坚实；釉面逐渐亮白；色彩与乾隆时期相似，绘工细腻，但较之前朝更显规矩与刻板，缺乏层次变化。道光朝内忧外患不断。御窑器虽尽力保持工整细致，但胎质疏松，青花呈色大多显得飘浮，纹饰用笔拘谨，缺乏活力。

清康熙青花团螭龙纹耳托杯

由耳杯和托碟两部分组成。这种杯和碟的组合形式是由隋唐时考究的茶具——茶盏和盏托演变而来。康熙时这种杯碟组合使用的形式很流行。耳杯口微撇,口下两侧为双螭耳,杯腹部青花绘有两组相对的团龙纹,圈足内有青花双圈六字楷书款"大清康熙年制"。托碟撇

清康熙青花团螭龙纹耳托杯残片

圆明园寻瓷

口，浅腹，碟中心凸起有杯槽，沿内绘有海水边饰，里心绘龙戏珠纹，外壁绘有行龙。胎体轻薄，青花呈色鲜艳。从出土残片来看应为多件，但均已残缺，耳杯的圈足放在托碟中心凸起的杯槽上严丝合缝，为配套使用。北京故宫博物院收藏有与此残件相同的完整器。

清康熙青花团螭龙纹耳托杯（摘自《清顺治康熙朝青花瓷》）

清康熙青花龙穿花纹盘

　　内壁施白釉,外壁绘龙穿花纹,足墙绘如意云头纹一周。矫健的行龙张牙舞爪,在缠枝莲花中飞腾,龙身弯曲,龙爪尖利。龙身虽描绘简单,但姿态穿插自如,生动活泼。造型、纹饰均仿明永乐时期的器物烧造,但龙纹的形态、青花呈色具有康熙本朝特征。北京故宫博物院收藏有与此残件相同的完整器。

清康熙青花龙穿花纹盘残片

圆明园寻瓷

清康熙青花龙穿花纹盘（摘自《清顺治康熙朝青花瓷》）

明成化青花龙穿花纹盘（摘自《明代成化御窑瓷器》）

清康熙青花二龙戏珠纹碗

此碗残片出土较多,经拼对、修复后基本完整。通体施白釉,内壁光素,外壁青花绘二龙戏珠纹,先勾线,后渲染。龙首饱满,双目圆睁,须粗而卷,鳞甲细密,龙身雄健壮硕,四爪伸张有力,威猛而富有生气,具有康熙朝龙纹的典型特征,展现出一代英主开创伟业的豪迈气势。火珠纹带有飘动的火焰,极具动感。底部圈足内青花双圈六字楷书款"大清康熙年制"。胎体洁白细腻,釉色莹润。青花色泽湛蓝,层次丰富,具立体感,两条威武的巨龙有呼之欲出之势。

清康熙青花二龙戏珠纹碗修复后完整器

清康熙青花团龙纹花口碗

此碗残片出土较多，经拼对、修复后基本完整。胎质细腻，釉面晶莹，青花呈色鲜艳明快。造型别致，花口微外撇，器壁起伏宛如绽放的花朵。从口沿到足边的凹凸棱将外壁划分为十个部分，每部分及碗心以青花绘五爪团龙衬以云纹。姿态各异的团龙首尾相接，构图舒展大方，富有变化。所绘的龙纹形态仿明宣德龙纹。圈足略高，足内有青花双圈六字楷书款"大清康熙年制"。

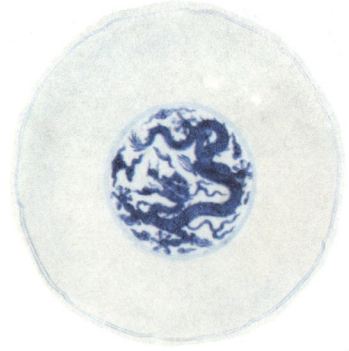

清康熙青花团龙纹花口碗残片及修复后完整器

清康熙青花团龙纹碗

　　里外以青花为饰。内心绘首尾相接,体态呈弓形的团龙纹一组。外壁残缺,仅可见团龙纹三组。底部圈足内有青花双圈六字楷书款"大清康熙年制"。胎体轻薄,釉面光润晶莹,青花明亮鲜艳,纹饰规整。

清康熙青花团龙纹碗残片

清康熙青花海水云龙纹碗

内壁施白釉,外壁以青花描绘海水云龙纹。龙在海浪波涛之上凌空飞腾,以祥云、火焰纹相陪衬,近底处绘波涛滚滚的海水江崖纹。龙能登天入渊、行云降雨,因此常以云纹、水纹衬托。底部圈足内青花双圈六字楷书款"大清康熙年制"。胎薄体轻,釉色白净光润,青花发色纯正,绘画工细流畅。

清康熙青花海水云龙纹碗残片

清康熙青花云龙纹碗

内壁施白釉,外壁以青花绘龙纹和祥云纹。凌空腾飞的龙,屈身向前,龙爪伸展有力,英姿勃勃,伴以祥云萦绕,给人一种腾云驾雾的动感。底部圈足内青花双圈六字楷书款"大清康熙年制"。造型小巧规整,胎质洁白,纹饰绘画生动。

清康熙青花云龙纹碗残片

清康熙青花夔龙纹杯

内壁施白釉,外壁以青花绘夔龙纹。龙身呈卷草式,口衔宝相花,于枝蔓间漫步轻舞。底部圈足内青花双圈楷书残款"大清 □熙□□"。胎体轻薄,釉面明亮,青花呈色鲜艳,用笔细致流畅,给人一种古朴雅致的美感。夔是传说中一种似龙的神兽。东汉许慎《说文解字》云:"夔,神魅也,如龙一足。"夔纹是一种变形龙纹,最早见于商周时期的青铜器和玉器上,作为瓷器纹样主要流行于明清。

清康熙青花夔龙纹杯残片

清康熙青花龙凤纹杯

凤是中国古代神话中的百鸟之王、四灵之一。《禽经》曰:"鸟之属三百六十,凤为之长。飞则群鸟从,出则王政平,国有道。"明君当政,天下太平凤才出现。龙为鳞虫之长,凤为羽禽之尊,在中国古代龙凤是帝后的象征。"龙凤呈祥"的图案,既代表皇权至尊、天下太平,也象征幸福美满、喜庆吉祥。

胎薄体轻,白釉莹润,青花发色淡雅。内壁施白釉,外壁青花绘龙凤纹。龙作腾飞状,扬头披发,身形矫健洒脱。因残缺较多,仅见凤首,似鸡首眉目细长,柔美优雅。龙祥凤瑞寓意美好吉祥。底部圈足内青花双圈六字楷书款"大清康熙年制"。器型虽小却不失皇家风范,无论是纹饰绘画,还是款识书写均一丝不苟。

清康熙青花龙凤纹杯残片

清康熙青花龙凤纹花口盘

　　口沿为花口,内壁、外壁及盘心均以青花绘龙凤祥云纹。威武矫健的龙和华丽多姿的凤首尾相接,顾盼生情,飘逸潇洒,寓意天下祥瑞太平,生活幸福美满。底部圈足内青花双圈六字楷书款"大清康熙年制"。造型小巧,花口分布均匀,增添了几分美感。青花色泽明快,构图饱满,纹饰既和谐又有变化。

清康熙青花龙凤纹花口盘残片

清康熙青花龙凤纹碗

此碗残片出土较多，经拼对、修复后基本完整。内外以青花为饰，碗心双圈内青花绘立龙，龙身呈弓形，鳞片细密，张牙舞爪，气势威猛。外壁绘云凤纹，三只翔凤展翅穿行于祥云间。凤首写实，眉目细长传神，颈如卷曲的花枝，身圆如龟，饰以龙鳞，凤翼展开，尾羽飘逸，显示出百鸟之王的华贵气势。底部圈足内青花双圈楷书款"大清康熙年制"。主体纹饰威武矫健的龙，妩媚多姿的凤，具有典型的清代康熙御窑特征。

清康熙青花龙凤纹碗残片及修复后完整器

清康熙青花八仙人物纹盘

外壁青花绘八仙人物。八仙即李铁拐、汉钟离、张果老、蓝采和、何仙姑、吕洞宾、韩湘子、曹国舅。八仙为中国古代家喻户晓的民间群仙,远在唐朝已见记载,元代以后逐渐固定为今广为流传的这八位仙人。尽管传说中八仙生活的朝代不同,但经过民间传说与文学的长期渲染,经过历史的沉积和筛选,他们成为一个集体。八仙原本皆是凡人,有文有武,有男有女,有身份高贵的国舅,也有地位低微的平民,但历尽千辛万苦都先后得道成仙,因而能迎合社会各阶层的需要和喜好。传说他们在民间惩恶扬善、乐善好施,因此广受百姓的尊重和爱戴。明代吴元泰著《东游记》中有王母寿诞在瑶池设宴,八仙前去拜寿的故事,使家喻户晓的八仙又具有庆寿的吉祥寓意。画面中仙人各执宝物,怡然自得,遍布祥瑞之气。吹笛子的韩湘子、背花篮的蓝采和、持阴阳板的曹国舅、拄杖持葫芦的李铁拐、背笊篱的何仙姑。天上祥云缭绕,仙气飘飘,地面草木葱茏,营造出一个世外桃源般的仙境。内心双圈内,以面目慈祥,高额长须,手持拐杖的"寿星"为中心,衬以寿鹿、童子和松树,点明了"八仙祝寿"的主题。底部圈足内有青花双圈六字楷书款"大清康熙年制"。青花有浓淡层次变化,浓艳处青翠沉静,浅淡处素雅清新。笔绘细腻精准,人物以线条勾描,形神兼备,衣衫以青料渲染,飘飘然有凌云之气。官窑瓷器中八仙纹饰始于明代中后期,但绘画造诣及制瓷水平,艺术的高峰是在清康、雍、乾三朝。

下篇　残瓷之美

清康熙青花八仙人物纹盘残片

清康熙青花仕女纹碗

此碗残片出土较多,经拼对、修复后基本完整。内壁施白釉,外壁青花绘通景庭院仕女婴戏图。仕女婴戏纹象征百姓安居乐业,生活富足和美。仕女为汉装形象,高绾发髻,体态修长,面容清丽,眉似弯月,细目樱唇,修颈削肩,长裙拖地,裙带飘动。在幽雅的庭院中,仕女分成两组,两仕女坐于凉亭内,一小童子在旁,对称绘两仕女在凉亭边散步。一只凤凰栖于竹上。人物四周以流云、竹石、栏杆、亭台点缀,营造出一派祥和的庭院景观。天真活泼的孩童,温婉优雅的仕女,形神兼备,表现出悠然自得的生活情趣。底部圈足内有青花双

清康熙青花仕女纹碗残片

清康熙青花仕女纹碗修复后完整器

圈六字楷书款"大清康熙年制"。此碗仿明宣德器物,由于青花用料不同,发色青翠,有浓淡深浅的层次感。纹饰的人物形象也具有康熙本朝特征。《匋雅》中对康熙瓷人物纹饰的绘画评价很高:"明瓷画手皆奕奕有神,康熙青花、五彩亦颇仿明瓷,至雍正则画益美,然以花卉为最工,人物则不及康熙远甚。"[1]

明宣德青花人物纹碗(摘自《故宫博物院藏明初青花瓷》)

---

1 (清)陈浏(寂园叟)撰:《匋雅》,载伍跃、赵令雯标点《古瓷鉴定指南》初编,北京燕山出版社,1993年版,10页。

清康熙青花婴戏纹碗

内壁施白釉,外壁青花绘婴戏纹。众小童于庭院中或骑竹马、或戏水,或斗草做着各种游戏。小童有的穿肚兜,有的穿宽衣肥裤,衣饰、发髻不同,神态、动作各异,肌体丰满,体态活泼,稚趣可爱。五官三五笔勾画而成,表情惟妙惟肖。远处群山连绵,庭院中有松石、栏杆,各种花草茂盛。景色写实入微,构成如连环画般的画面,生活气息浓郁,充满祥和美好的意境和多子多福的吉祥祝愿。足墙饰有一周回纹,底部圈足内有青花双圈六字楷书款"大清康熙年制"。青花色泽鲜亮青翠,浓淡相间,层次丰富,具中国传统水墨画"墨分五色"的韵味。婴戏纹在唐代长沙窑瓷器上已出现,唐、宋、金民窑瓷器上经常使用。明代这种喜闻乐见的纹饰被官窑吸收,发展至清逐步成为瓷器上一种程式化象征图案。个人生命的延续是靠生儿育女来传递的,儿孙满堂的背后,体现了追求长寿的意义。此碗仿明成化青花婴戏图碗(图52),青花发色、纹饰的人物形象具有康熙本朝特征。

清康熙青花婴戏纹碗残片

下篇 残瓷之美

清康熙青花婴戏纹碗修复后完整器

清康熙青花福禄寿纹碗

　　内壁施白釉，外壁青花绘福、禄、寿三星。寿星长髯，笑容可掬，弯腰弓背，捧桃持杖，与鹿相依而立，专司健康长寿。福星头扎软巾，怀抱儿童，多子多福。禄星一手持如意，另一手牵着一个童子，掌管人间荣禄。人物衣饰线条流畅，神态悠然自得，潇洒飘逸。远处云气缥缈、近处仙鹤飞舞，草木茂盛，以山石、松树为背景，犹如仙境。足墙绘卷云纹。底部圈足内青花双圈楷书款"大清康熙年制"。福禄寿三星齐聚，一切顺心遂意。鹿、鹤是象征吉祥长寿的瑞兽、仙禽，寓意"六和同春"。纹饰寓意吉祥，画面虚实结合，远近对映，人物置

清康熙青花福禄寿纹碗残片

身于山水之中,表现出清幽的意境和高雅的情趣。青花色泽清亮明净,通过浓淡相宜的渲染,使画面富有层次感和立体感,宛如一幅水墨画。

清康熙青花福禄寿纹碗修复后完整器

清康熙青花仙人乘槎纹碗

仅残存碗底部分，圈足较高，圈足内有青花双圈六字楷书款"大清康熙年制"。碗心双圈内绘有一仙人端坐槎上，盘发留髯，手执书卷，神情闲适安逸，怡然自得。槎原指水中的浮木，画面中的槎舟为粗阔的古树之形，在水中飘荡，顶部挂一葫芦。题材取自张骞乘槎溯黄河之源，而入天河的神话，有成仙贺寿的吉祥寓意。晋张华《博物志》载，汉武帝令张骞穷溯河源。他乘槎经月至一处，城郭如府，一女织布，一夫牵牛。还至蜀中，方知乘槎至牛郎织女二星。人物形象妙笔传神，正如《饮流斋说瓷》云："康熙画笔为清之冠"，"人物无一不精""皆神采欲飞，栩栩欲活"。[1] 以绘画的笔法作细腻描绘，仅用青花一色就描绘出景物的深浅浓淡，水波的涟漪，树干的斑疤等无不精细入微。同时具有典雅的文人画气息，呈现简淡、玄远的意境美。

清康熙青花仙人乘槎纹碗残片

---

1 许之衡著：《饮流斋说瓷》，载叶喆民译注、刘伟配图《饮流斋说瓷译注》，紫禁城出版社，2005版，78、85页。

清康熙青花莲托八吉祥纹碗

八吉祥也称八宝,藏文称之为"八吉祥相",即法轮、法螺、宝伞、白盖、莲花、宝罐、金鱼、盘肠。它们蕴含了佛法的八种教义,皆有深刻寓意。"轮",代表佛说大法圆转,万劫不息。佛之说法,辗转传人,犹如车轮能摧破众生之恶。"螺",代表菩萨果妙音吉祥,其声远闻,比喻佛说法广被大众,是佛法音的标志,吹之则诸天善神欢喜,闻之者能减去诸罪障。"伞",张弛自如,曲覆众生,原是古代印度皇室和贵族的象征,为出巡时的仪仗器,后来被佛教采用,代表遮蔽魔障,守护佛法。"盖",代表遍覆三千净一切乐,盖即是幢,原是古代印度的军旗,代表佛法战胜外道,解除烦恼,得到觉悟的象征。"花",代表清净无染,莲花出淤泥而不染,是高尚纯洁的象征。"罐",代表福智圆满,完备无漏,造型似宝瓶,盛装净水、甘露或宝物,也是修法灌顶时的法器。"鱼",代表坚固活泼,能解坏劫,游在水中,自由自在,无拘无束,寓意能跳脱恶劫,得到解脱。"肠",代表回环贯彻,一切通明,是没有开端和结尾的结饰图案,象征着佛法长久永恒。

清康熙青花莲托八吉祥纹碗残片

清康熙青花莲托八吉祥纹碗（摘自《清顺治康熙朝青花瓷》）

　　八吉祥是藏传佛教中最常见的象征吉祥的八件宝物，或供于佛前，或作图案装饰殿堂和器物。随着藏传佛教在内地的盛行和元明清历代皇室的尊崇，八吉祥纹也成为御窑瓷器上常见的纹饰，并多与佛教圣花——莲花相配。明代成化年间的瓷器上就有相同题材的纹饰。这些藏传佛教纹饰在

明成化青花莲托八吉祥纹盘
（现藏景德镇市陶瓷考古研究所）

宗教性质很强的器皿上，或许还带有宗教色彩，但在绝大多数日用器上宗教色彩已逐渐淡化，更多的是吉祥的寓意。

　　器物内、外壁均绘有缠枝莲托八吉祥纹。外壁近底处绘如意云纹一周。碗心绘一朵莲花上托法轮。底部圈足内有青花双圈六字楷书款"大清康熙年制"。釉面光亮滋润，青花色泽鲜艳，构图饱满，图案工整大气。北京故宫博物院收藏有与此残件相同的完整器。

清康熙青花莲托八吉祥纹盖碗

器型新颖，但因残缺较多，仅见部分碗盖和碗体及外壁的两个把手。由于纹饰相同，且盖与碗口相合，推测为同一器物。外壁腹部绘缠枝莲托八吉祥纹，在卷曲的枝蔓间一花一托，严谨规范，近底处绘有一周变形莲瓣纹。细小之处的绘画亦丝毫不马虎，把手上还绘有折枝莲花纹。碗盖外圈绘一周如意纹，如意纹内有与碗外壁相同的缠枝纹，盖顶置宝珠形钮。底部圈足内有青花双圈六字楷书款"大清康熙年制"。

清康熙青花莲托八吉祥纹盖碗残片

清康熙青花莲托八吉祥纹碗

　　小碗玲珑典雅，胎薄体轻，胎质洁白，釉面滋润晶莹，青花色调明亮清澈。外壁青花绘缠枝莲托八吉祥纹。缠枝莲花形优美，枝叶流畅舒展，八吉祥均以莲花托起，等距离排列。八吉祥象征吉祥，缠枝莲寓意高洁、连续。底部圈足内有青花双圈六字楷书款"大清康熙年制"。莲花因其出淤泥而不染，儒家视之为君子之花，佛家视之为吉祥之花。缠枝莲为瓷器上常见的纹饰，元代已经出现，明清两代依旧盛行。碗虽小但胎釉、青花发色、纹饰描绘俱佳，给人以清新明快，幽静雅致之感。

清康熙青花莲托八吉祥纹碗残片

清康熙青花莲托八吉祥纹盘

　　内外以青花为饰,盘心青花双圈内绘十字杵纹。杵原是古印度的兵器,后成为藏传佛教法器,有坚固、锋利之意,用以断烦恼、伏恶魔。十字杵是将双头杵垂直交叉成十字形,加饰飘带。在元青花瓷器上十字杵的图案已经出现,明成化时常作为盘心的主题纹饰。外壁绘缠枝莲托八吉祥纹。以缠枝方式将八吉祥相互勾连在一起,同时又以枝蔓构成的弧线将八吉祥图案分开,互相联系又各自独立。底部圈足内有青花双圈六字楷书款"大清康熙年制"。

清康熙青花莲托八吉祥纹盘残片

清康熙青花结带八吉祥纹盘

内外以青花为饰,外壁青花绘结带八吉祥纹。结带八吉祥纹是在八吉祥的每件器物之上装饰飘逸的绶带,具有动感。盘心内绘十字杵纹,十字杵也装饰有飞扬的绶带和繁密的珠宝,更显华丽。底部圈足内有青花双圈六字楷书款"大清康熙年制"。

清康熙青花结带八吉祥纹盘残片

清康熙青花梵文盘

此盘残片出土较多，经拼对修复后基本完整。盘心青花书梵文心咒，周围环饰以变形莲瓣纹。外壁书梵文吉祥咒三周，梵文纵横排列整齐，布局紧凑，字距基本相等。底部圈足内有青花双圈楷书款"大清康熙年制"。梵文是古印度的一种文字，译音称"悉昙"，为成就、吉祥之意。唐朝随着佛教的发展而传入中国，之后密宗把梵文广泛用于装饰宗教建筑和法器。明清两朝瓷器上也十分盛行以梵文作为装饰。此盘的造型、纹饰均是仿明成化梵文盘烧造。北京故宫博物院收藏有与此残件相同的完整器。

清康熙青花梵文盘残片及修复后完整器

清康熙青花梵文盘（摘自《清顺治康熙朝青花瓷》）

明成化青花梵文盘（摘自《明代成化御窑瓷器》）

清康熙青花梵文碗

内壁施白釉,外壁近底处青花绘一周变形的莲瓣纹,上托梵文。底部圈足内有青花双圈六字楷书款"大清康熙年制"。胎质细白,青花色泽浓淡相宜,梵文书写流畅。造型、纹饰仿明成化青花梵文碗,虽意在模仿却不拘泥于原物,纹饰细部描绘略有不同。

清康熙青花梵文碗残片

明成化青花梵文碗(现藏北京故宫博物院)

清康熙青花桃实勾莲纹盘

此盘残片出土较多,经拼对、修复后基本完整。造型规整,釉面莹润,青花淡雅。盘心里层绘四朵花围一"吉"字,外层绘折枝桃托如意头,以"吉"字相间隔。外壁绘五个缠枝桃上托如意头。底部圈足内青花双圈楷书款"大清康熙年制"。图案与文字相融合,新颖别致,规矩中富有变化,寓意长寿、吉祥、如意。

清康熙青花桃实勾莲纹盘残片及修复后完整器

清康熙青花寿字碗

　　内壁施白釉，外壁在口沿及近底处各有一周青花篆书"寿"字。腹部采用不同笔体书写"寿"字，有龟形、凤型、鱼形，变化多样。字体布局极有法度，书写错落有致，疏密、大小的处理恰到好处，犹如花纹，富有装饰趣味。底部圈足内有青花双圈六字楷书款"大清康熙年制"。采用文字做瓷器装饰在康熙朝十分流行。"寿"虽然是一个普通的汉字，但由于人们对长寿的祈求，寄托了人们对生命延续不断的期冀，远远超越了一般汉字的含义，而成为一种吉祥符号。正如许慎在《说文解字》中说"寿者，久也"。即所谓的长生永久之意。典型器是康熙青花万寿字大瓶，整个瓶体用青花写满一万个不同形体的寿

清康熙青花寿字碗残片

字，单字表意，形长者称长寿，圆者称团寿，不同形体的寿字寓意万寿无疆。此碗虽气势不如万寿字大瓶，但纹饰布局疏密有致，书写隽秀，以书法的形式美升华了寿字本身的内涵，使二者达到和谐统一。在寓意长寿吉祥的同时，给人一种古朴雅致的美。

清康熙青花寿字碗残片

清康熙青花松竹梅纹盘

内外以青花为饰。外壁绘折枝松竹梅纹。内壁绘一周缠枝灵芝纹和竹纹,灵芝扁圆肥厚,上下左右四出花叶,竹叶劲挺,不仅造型优美,而且寓意"灵芝竹(祝)寿"。盘心双圈内绘松竹梅各一株,松树、梅枝依圆形构图作向内曲折之姿,中间穿插翠竹数枝。松树干皴擦点染,质感很强。松叶浑圆,松针细密,先勾后染。"康窑画松树,苍翠欲滴。古木森郁,其粉本纯由宋画而出。"[1]梅干遒劲,繁花满枝,花朵五瓣,花蕾圆润,内以浅淡的青花渲染,并以细线勾点花蕊,追求写实效果。竹叶细长,叶筋部分留白,富有立体感。底部圈足内青花双圈六字楷书款"大清康熙年制"。此盘造型、纹饰为仿明成化青花松竹梅纹盘。胎质与青花呈色具有康熙本朝特征。"岁寒三友"的典故源自北宋文豪

清康熙青花松竹梅纹盘残片

---

1 许之衡著:《饮流斋说瓷》,载叶喆民译注、刘伟配图《饮流斋说瓷译注》,紫禁城出版社,2005年版,85页。

苏轼,作为瓷器上的纹饰始见于元代,明清较流行。古代文人喜寄物抒情,托物言志。苍翠的青松,挺拔的翠竹,傲雪的冬梅,都具有不畏严霜的高洁品格,历来被古今文人所敬慕,誉为"岁寒三友",既象征道德高尚,又寓意长青不老,逐渐演变为雅俗共赏的吉祥图案。

明成化青花松竹梅纹盘(现藏北京故宫博物院)

清康熙青花松竹梅纹碗

内外以青花为饰。外壁纹饰残缺较多,内心青花双圈内绘松竹梅及山石纹。松有长青之意,竹有虚怀之美,梅有傲雪之风,寓意情操高洁、坚强不屈。宋苏轼称"梅寒而秀,竹瘦而寿,石丑而文",是"三益友",共置于圆形构图之中,左中右分别绘制。左侧苍松参天而立,树干肌理描绘写实,松叶饱满,松针挺直。右侧寒梅枝干转折遒劲,由山石旁斜出,繁花满枝。中间的洞石,以青花渲染,表现其突兀嶙峋。翠竹依山石而生,三五成组点缀左右。底部圈足内有青花双圈六字楷书款"大清康熙年制"。

清康熙青花松竹梅纹碗残片

清康熙青花松竹梅纹小碗

外壁青花绘松竹梅纹,构图疏密相宜,层次错落有致。松树虬枝盘曲,松叶浑圆,松针细密。竹枝挺拔,斜向横出,上有簇簇细长的竹叶,具劲瘦风雅的韵味。梅干遒劲,花姿多样,既有盛开的花朵,更多含苞欲放的花蕾,大朵五瓣勾线渲染,小朵圆润俊俏。底部圈足内有青花双圈六字楷书款"大清康熙年制"。采用工笔手法,使纹饰具有立体感,青花更增添了画面幽雅恬静的韵味,别有一番情致。松竹梅不畏严寒,又以各自的风骨获得长春不老,君子之道,冰肌玉骨的赞誉,自古就是文人喜爱的题材,高尚人格的象征。

清康熙青花松竹梅纹小碗残片

清康熙青花菊花纹碗

内心双圈内青花绘菊花纹,外壁绘缠枝菊纹。花形饱满,菊瓣细长而尖,层次较多,枝蔓卷曲,线条流畅。底部圈足内青花双圈六字楷书款"大清康熙年制"。菊花是中国传统名花,被誉为"十二客"中的寿客。它在百花凋零的凌霜时节盛开,古人爱它傲霜斗雪、独立寒秋的不屈气节,将它与"梅、兰、竹"同誉为"四君子"。东晋诗人陶渊明"采菊东篱下,悠然见南山"的诗句,又将菊花与文人雅士脱俗的归隐生活和淡泊的品性联系起来。

清康熙青花菊花纹碗残片

清康熙青花缠枝莲纹碗

此碗残片出土较多,经拼对、修复后基本完整。以青花为饰,构图饱满,层次清晰。内壁口沿绘一周回纹,下方绘缠枝莲纹,花形饱满,枝叶舒展流畅。内心双圈内绘折枝石榴纹,以其子粒繁多,有祝福多生贵子的寓意。外壁口沿绘一周海水纹,腹部绘双层菊瓣纹,上、下层各三十六瓣。细长的花瓣呈放射状排列,由足一直伸展到口沿下,排列有序,层层展开,宛如盛开的菊花。底部圈足青花双圈内六字楷书款"大清康熙年制"。此碗造型、纹饰均仿明宣德青花缠枝莲纹碗,虽参照前朝风格,但青花发色具康熙本朝特征。将枝叶的向背,果实凹凸感用浓淡加以表现,在莹白底色的衬托下,更显清逸明丽。宣德器物浓重瑰丽,康熙器物鲜艳青翠,各有其长。

清康熙青花缠枝莲纹碗残片

下篇　残瓷之美

清康熙青花缠枝莲纹碗修复后完整器

明宣德青花缠枝莲纹大碗（摘自《故宫博物院藏明初青花瓷》）

清康熙青花折枝花纹碗

外壁青花绘菊花、牡丹等折枝花卉,花繁叶茂,象征富贵长春。内壁绘竹石灵芝纹,寓意"灵芝竹(祝)寿"。以象征长生不老的"寿石"为中心,周围陪衬劲挺的竹子和肥厚的灵芝,仿佛一幅静谧的画。底部圈足青花双圈内六字楷书款"大清康熙年制"。洁白莹润的胎釉,青花纯正鲜亮,采用渲染的手法描绘,具有水墨画的神韵。纹饰布局疏密有致,意境清新又寓意吉祥,充满勃勃生机。

清康熙青花折枝花纹碗残片

清康熙青花如意莲瓣纹碗

外口沿青花绘回文,近底处绘如意头变形莲瓣纹一周。内口沿为金钱锦地纹,内心绘几何形花卉图案。底部圈足青花双圈内六字楷书款"大清康熙年制"。此碗造型仿明永乐鸡心碗样式。纹饰典雅细腻有异域风格,制作精湛,为康熙御窑精品。北京故宫博物院收藏有与此残件相同的完整器。

清康熙青花如意莲瓣纹碗残片

清康熙青花如意莲瓣纹碗(现藏北京故宫博物院)

清康熙青花缠枝牡丹纹盘

青花色调淡雅,绘缠枝牡丹纹。牡丹素有"花中之王"的美誉,是华贵雍容的象征。盘心正中一朵圆形牡丹,花朵饱满,浑圆如轮,花瓣层次丰富,上下左右均有一朵半圆形牡丹。花瓣上以流畅的细线勾描写实性筋脉,内以浅淡的青花渲染。花叶变形卷曲,缠绕的枝蔓流畅生动。外壁也绘有相同的圆形缠枝牡丹纹。底部圈足青花双圈内有六字楷书款"大清康熙年制"。

清康熙青花缠枝牡丹纹盘残片

清康熙青花鱼纹杯

杯的外壁施白釉,内壁构图疏朗,以青花绘姿态各异,不同种类的鱼纹,有鲭鱼、鲌鱼、鲤鱼、鳜鱼。鱼纹刻画精细,用青花细线勾勒,并加以渲染,唇、须、鳃、尾、目清晰可见,甚至鱼鳞和鱼鳍的半透明状都描绘出来。有的鱼尾鳍略微上扬,胸鳍张开,呈现游动姿态,有的鱼身弯曲,如欲跃出水面,极具神采。虽无水波纹和水藻,但摆动的鱼鳍和鱼尾表现出了鱼的动感,给人以鱼在水中游的真实感,无水胜有水,水在画者胸中,在观者心中。底部圈足青花双圈内六字楷书款"大清康熙年制"。

鱼是藏传佛教中的八吉祥之一。"鱼"和"余"谐音,象征生活富足,年年有余。又因产籽多,也寓意多子丰产。鱼还被文人雅士认为是精神自由的象征。战国时代庄子和惠子在濠梁之上通过观赏水中游鱼,体会自在之乐。器型小巧,釉色淡雅,光亮透明的白釉,清澈如水。笔法工细灵秀,立体感强,画面构思巧妙,清新自然,体现了淡远从容、含蓄高雅的文人情趣。

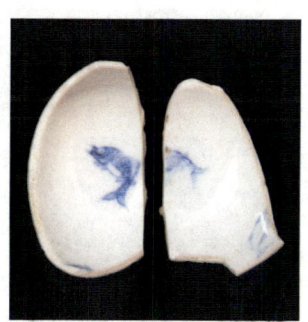

清康熙青花鱼纹杯残片

清康熙青花桃蝠纹碗

　　内壁施白釉,外壁以青花描绘。上绘贯套垂璎珞纹,下为贯套如意状花叶托寿桃纹,贯套之间加绘头顶"卍"字的蝙蝠。底部圈足青花双圈内六字楷书款"大清康熙年制"。胎薄体轻,青花发色淡雅,构图饱满,绘画工细,纹饰有祈福祝寿的吉祥寓意。此碗是典型的宫廷日用瓷,从康熙起历朝均有烧造。

清康熙青花桃蝠纹碗残片及修复后完整器

清康熙青花海浪纹杯

　　胎薄体轻,釉色洁白细腻,温润如玉。口沿微撇,深腹圈足,端庄秀雅。外壁绘青花海浪纹,以细密起伏的线条描绘海浪,汹涌澎湃,浪花处留白,凌空飞溅,有"惊涛拍岸,卷起千堆雪"之感。底足青花双圈内六字楷书款"大清康熙年制"。海浪纹不仅气势磅礴,而且有福山寿海的寓意。构图有新意,纹饰线条流畅,极具动感,生动表现出惊涛骇浪的气势,尽显康熙青花之神韵。

清康熙青花海浪纹杯残片

清雍正青花花草纹碗

　　此碗残片出土较多，经拼对、修复后基本完整。内壁施白釉。外口沿饰一周缠枝花草纹，间饰有等距离的青花梵文。梵文字形一致，书写规范，笔法趋于纤细圆润。底部圈足内青花双圈六字楷书款"大清雍正年制"。造型秀美，胎质洁白，釉面莹润，青花发色淡雅清新。纹饰简洁工整，富装饰性，突出白瓷质地之美，与文人画提倡的留白天地宽的做法如出一辙，颇具雍正御瓷秀丽典雅的风范。

清雍正青花花草纹碗残片及修复后完整器

清雍正青花忍冬纹杯

此杯小巧玲珑，轻盈隽秀。杯内施白釉，外饰青花，蓝白相映，清新淡雅。以细腻的笔触描绘具有延年益寿寓意的忍冬纹，并将忍冬进行艺术处理，提篮式、团花式、花篮式穿插排列，每组纹饰间又用勾连如意纹相隔。足底细腻光滑，圈足青花双圈内书六字楷书款"大清雍正年制"。青花色调柔和，布局疏朗清新，线条纤细圆润。图案庄重中带着活泼，规矩中富于变化，达到很好的装饰效果。造型、画工、胎釉、款识无一不精，予人清秀优雅之美，体现出雍正御窑高雅的艺术品位。

清雍正青花忍冬纹杯残片

清雍正青花缠枝花纹扁瓶

出土时碎成数块，后经修复基本完整。器型仿明永乐时期扁瓶烧制，为模仿伊斯兰传统的金属器式样，端庄秀美，饱满圆润。口颈部残缺，肩部残存有双耳的痕迹，但双耳的形状已不可知。扁圆腹，椭圆形圈足，足内施白釉，有青花篆书残款"大口雍口年制"。腹部饰缠枝莲花、菊花等。枝蔓缠绕的花卉竞相怒放，花朵饱满，花叶细密，枝蔓绵延往复，既富于动感，又以植物无限的生命力，寓意繁荣富贵绵长。

历史上对明永乐、宣德青花评价很高，"诸料悉精，青花最贵""开一代之未有之奇"。永、宣青花使用进口"苏麻离"青料，呈色浓艳青翠，料水浸入胎骨，料汁浓聚处出现黑褐色的结晶斑点，俗称"铁锈斑"。此器为能工巧匠为迎合雍正的慕古情趣，而专门烧造的仿永、宣青花的精心之作。明永、宣青花自然天成，雍正青花使用国产青料，为表现"苏麻离"青深沉、浓艳、洇散，且局部有铁锈斑的色调和质感，为人工在纹饰线条某些部位刻意点染。虽精心而为，却清秀规矩有余，自然洒脱不足。

清雍正青花缠枝花纹扁瓶修复后残器

清乾隆青花双凤纹盘

　　凤是传说中"出于东方君子之国"的神鸟，雄称凤，雌称凰。盘外壁青花绘双凤飞翔追逐，一凤尾如飘带，另一凤尾如卷云，间以祥云相隔。盘心饰青花双凤，凤首相对呈对称之势，间饰以"壬"字云。凤首椭圆，口衔香草，眉目细长，颈如花枝，双翅展开，在祥云中飞翔，长尾翻卷飘扬，表现出凤凰富丽典雅的动人风姿，给人以喜庆祥和之感。圈足内有青花六字篆书款"大清乾隆年制"。双凤盘从明代中期出现直至清，均有烧制。

清乾隆青花双凤纹盘残片

清乾隆青花缠枝莲梵文高足碗

此高足碗残片经拼对、修复后基本完整。通体以青花为饰，纯正艳丽。胎体洁白细腻，釉面光洁透亮，造型端庄，纹饰繁密，层次分明，具有典型乾隆青花端庄的美感。外壁腹部青花绘缠枝莲托梵文，周围枝蔓连绵卷曲。里心青花绘宝相莲花。腹底饰莲瓣纹一周，高足凸起弦纹，中空外撇，足柄饰回纹、朵花纹、璎珞纹。足内白釉，一侧有青花篆书横款"大清乾隆年制"。

此碗造型仿自西藏的金属质地酥油灯，原为藏传佛教寺院佛龛前供奉的长明灯，给人一种肃穆、静谧的宗教美。出土残片多件，可分为大小两种，大者胎体厚重，敦厚古拙，小者胎体轻薄，细致灵巧。器型、纹饰具有典型的藏传佛教色彩，应为昔日圆明园某座藏传佛教佛堂内的供器。

清乾隆青花缠枝莲梵文高足碗残片

下篇 残瓷之美

清乾隆青花缠枝莲梵文高足碗修复后完整器

清嘉庆青花花卉纹碗

嘉庆时期延续乾隆朝瓷器的风格,但缺乏乾隆朝器物的精雕细琢。尽管制作水平上无法与康、雍、乾三朝相比,但御用瓷器仍然制作规整。此碗在圆明园含经堂出土,残缺较多,仅可见外壁青花绘折枝花卉纹。胎体洁白,青花呈色稳定与乾隆时期青花色泽相近。花朵的描画中规中矩,虽线条清晰,笔画工细,但深浅浓淡的层次减少,终显神韵不足。圈足内有青花六字篆书款"大清嘉庆年制"。

清嘉庆青花花卉纹碗残片

清道光青花海水云龙纹多管瓶

　　此件器物原碎成数块,修复后可见器型为多管瓶。宋代曾出现类似造型的瓷器,到了清代多有制造,是花插类的陈设。腹部圆润而丰满,原应有多个向上直立的管,因残缺较多,现仅可见一管。器身绘海水云龙纹。底部足内有青花六字篆书款"大清道光年制"。胎体细白,胎质疏松,分量轻。青花呈色有飘浮感。道光御窑瓷器虽制作仍然工整精细,但由于国力衰微,帝王无心于瓷艺,已日趋衰落。尤其是龙纹的绘制,虽在海水云天间飞舞,但气势虚弱,龙颚下垂,显得有形无神,徒具其表。已失去盛世雄壮之感,无蓬勃向上的风貌和呼风唤雨的神力。

清道光青花海水云龙纹多管瓶残件

清青花缠枝莲绣墩

绣墩又称为坐墩,因其上常覆盖有一方美丽的刺绣丝织品而得名。由于它造型类似于鼓,又有鼓墩之称。绣墩是古代坐具中最有中国特色的,造型优美轻巧,利于搬动也方便向四面八方赏景,既实用又美观,为闺阁、庭院常用的家具。盛行于明清时期,常用木、石、瓷等多种材质制成。其中瓷绣墩品种有青花、素三彩、斗彩、粉彩等。

清青花缠枝莲绣墩修复后完整器

图 54 清《胤禛妃行乐图》屏（现藏北京故宫博物院）

绣墩多在亲友聚会、闲暇休憩等非正式场合中使用。因此在清代宫廷的行乐图中常常能见到各种的绣墩。《胤禛妃行乐图》屏（图54），共12幅，以单幅绘单人的形式分别描绘了宫廷女子品茶、观书、赏蝶、鉴古等闲适的生活情景。据朱家溍先生考证，此图原贴于圆明园深柳读书堂内的围屏上。雍正十年（1732）八月雍正帝传旨将它们从屏风上拆下来，垫纸衬平，各配做卷杆，入藏紫禁城。也正因为如此，美人们逃过劫难，芳容永驻。此套图屏不仅以写实的手法再现了宫廷女子端庄的姿态，隽秀的面容，典雅的服饰，也描绘出室内摆放的家具陈设。即使不是实景也能够反映当时的皇家生活和陈设，宛如宫廷室内陈设的图录。今天我们可通过释读画中的种种细节，推想那个时期圆明园殿宇中的收藏和陈设。其中的"桐荫品茗""持表观菊"和"观书沉吟"三幅中三位宫廷仕女均坐于不同的绣墩之上品茗读书，享受着良辰美景。

图 55　清《道光帝行乐图》（现藏北京故宫博物院）

《道光帝行乐图》（图 55）由宫廷画师描绘了道光帝与皇子、公主们在皇家园林中欢聚行乐的情景。画中的道光帝手持鼻烟壶，坐于"澄心正性"亭中，慈祥地注视着孩子们，享受天伦之乐。"芳润轩"亭中坐着正在读书的皇四子奕詝和皇六子奕䜣。三位小皇子正在放风筝。画中的两位公主，在树下或是赏花，或是观看嬉戏的小狗。在道光帝的对面，"澄心正性"亭两角，各摆放有一个青花瓷的绣墩，也许是供公主或小皇子们玩乐后休息，也许还有某位画中没有出现的后宫佳丽正款款而来，等待道光帝的召见。在清代造办处档案中也有景德镇御窑厂为圆明园慎修思永定烧瓷绣墩的记载。"乾隆二十年三月二十一日，太监胡世杰交磁绣墩一件，传旨：着交江西照样烧造四件。得时仍在慎修思永厂亭摆放。"[1]

这件青花缠枝莲纹绣墩，墩面直径为 35 厘米，高 46 厘米，整体呈腰鼓形，空心无底，烧造难度大。墩面平坦，中心有一镂空金钱纹，上下通透。金钱纹周围装饰四朵缠枝莲，墩面上用青花绘制出覆盖绣

---

[1] 中国第一历史档案馆、香港中文大学文物馆编：《清宫内务府造办处档案总汇》卷二十一，人民出版社，2005 年版，461 页。

帕的装饰效果。腹部上下各装饰一周突起鼓钉纹，象征固定鼓皮的钉子。侧面对称各有一个镂空金钱纹。腹部绘缠枝莲纹饰，枝茎缠绕，疏密有致，花形优美。造型规整秀丽，图案层次分明，釉质莹润柔和，釉色白中泛青，青花色泽清新明快。

绣墩出土于圆明园"坦坦荡荡"。"坦坦荡荡"是圆明园四十景之一（图56），位于后湖西岸，俗称"金鱼池"是皇帝饲喂金鱼，观鱼知乐的地方。乾隆二十一年（1756），乾隆帝住园中157宿，曾来此喂鱼72次之多。也许皇帝、后妃们就曾坐在这件青花瓷绣墩上观鱼赏景。

图56 清乾隆九年唐岱、沈源绘《圆明园四十景图咏之坦坦荡荡》（现藏法国国家图书馆）

第二章
釉里红瓷和青花釉里红瓷

　　釉里红和青花釉里红均属于高温釉下彩瓷。其中的红色以氧化铜为着色剂,呈色对烧成时窑内温度、气氛的要求极为严格,烧成难度大。虽然明代景德镇御窑已烧成此种瓷器,但成品率低。清代康熙时期景德镇御窑厂工匠熟练掌握了釉里红、青花釉里红的制作技术,不但产量提高,而且器物纹饰线条清晰,发色纯正。

釉里红

　　釉里红是以含氧化铜的彩料在瓷胎上绘画纹饰，再罩透明釉，入窑高温烧成的釉下彩瓷。成功的釉里红瓷器，艳红的纹饰和莹白的胎釉相互映衬，十分美观。但由于铜在高温下易流动和挥发的特性，釉里红烧造难度大，稍有偏差便会变色，呈色完美十分不易，成品率低。釉里红自元代创烧，呈色不够鲜艳，常常出现灰褐色或浅绛色。明代中期一度衰落，康熙时得到恢复和发展。此时胎质细腻坚致，釉色滋润，呈色逐渐稳定，纹饰线条清晰。有的还在鲜艳的釉里红纹饰下暗刻纤细的花纹，使纹饰更加清新。

清康熙釉里红暗海水云龙纹碗

此碗残片出土较多,经拼对、修复后基本完整。通体施白釉,内心釉里红绘云龙纹,外壁饰二龙戏珠纹,并暗刻海浪纹。龙纹雄健苍劲,龙目圆睁,须发怒张,气势威猛,暗刻海水波涛滚滚,有翻江倒海之势。底部圈足青花双圈内六字楷书款"大清康熙年制"。胎体洁白,釉面光润。釉里红呈色略淡,有黑色的小缩釉点。釉里红描绘与涂抹相结合,古朴豪放。外壁暗刻纤细的海浪线条,明暗纹饰配合协调,为康熙御窑代表作。

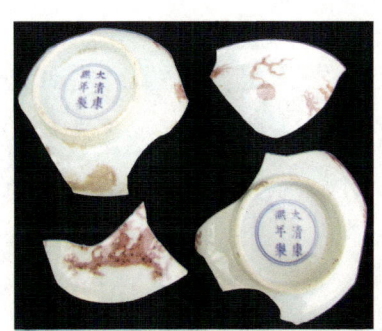

清康熙釉里红暗海水云龙纹碗残片及修复后完整器

清康熙釉里红二龙戏珠纹碗

此碗残片出土较多，经拼对、修复后基本完整。通体施白釉，内壁光素无纹，外壁以釉里红绘二龙腾飞于祥云之间戏火珠，近底处绘海水江崖纹。圈足青花双圈内书六字楷书款"大清康熙年制"。行龙奋爪腾身，履水而行，神态威猛矫健。海水汹涌澎湃，既衬托出龙叱咤风云的神韵，又增强了画面的感染力。构图丰满、热烈，与釉里红的色彩相得益彰。胎质细薄洁白，釉面莹亮，更衬托出釉里红的艳丽。釉里红细线绘的纹饰烧造时若掌握不好，往往晕散模糊。此碗图案线条清晰，鳞甲勾描细致，可见康熙时期釉里红烧造技术的成熟。

清康熙釉里红二龙戏珠纹碗残片及修复后完整器

清康熙釉里红夔龙纹碗

此碗残片出土较多,经拼对、修复后基本完整。通体施白釉,内壁光素无纹,外壁釉里红线描两组口衔缠枝宝相花的夔龙纹。纹饰华丽,线条不晕不散,清晰准确。鲜艳的釉里红落于莹洁白地上,红白对比清新明快,热烈又不失深沉。底部圈足内青花双圈六字楷书款"大清康熙年制"。

清康熙釉里红夔龙纹碗修复后完整器

清康熙釉里红团凤纹碗

通体施白釉，釉面莹润，外壁以釉里红团凤纹装饰，内心绘有一组釉里红团凤纹。画面简洁明快，绘工精细。团凤鸡首细目，长颈鳞纹，凤身以圆形为界，舞动飞转，姿态优美，给人以活泼灵动之感。釉里红发色纯正，图案线条清晰。红色的团凤纹映衬在雪白的底色上美艳夺目。底部圈足内为青花双圈六字楷书款"大清康熙年制"。

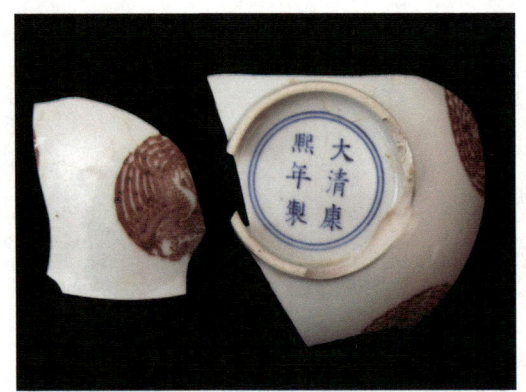

清康熙釉里红团凤纹碗残片

青花釉里红

　　青花釉里红是以青花和釉里红两种彩料，在瓷胎上分别绘画纹饰的不同部分，再罩透明釉，入窑高温一次烧成的釉下彩瓷器。既有青花明净的特点，又有釉里红鲜艳的色调，蓝红相映，素雅而艳丽。青花和釉里红虽都是釉下彩，但二者的原料不同，尤其是釉里红的主要着色元素铜在高温下极易挥发流失，只有在合适的烧成温度和烧成气氛下才能呈现纯正的红色。二者单独烧好已是不易，将其共同装饰于一件器物，在相同的烧制条件下，使红、蓝两色均达到完美，殊为难得。青花釉里红创烧于元代，自明代永乐、宣德后呈停滞状态，康熙年间再次烧成。

清康熙青花釉里红八仙人物纹碗

此碗残片经拼对、修复后基本完整。外壁以通景画的形式绘八仙过海图。釉里红细线描绘波浪纹,青花绘八仙人物。以波涛翻滚的海浪为背景,八仙人物神采奕奕各执法器,驾驭神物渡海拜寿。内心青花双圈内,以釉里红波浪纹为背景,青花绘寿星一手持杖一手抚梅花鹿,天上青花绘祥云缭绕,营造出仙风道骨之气。八仙过海各显神通本身就是有积极意义的典故,器内寿星与外壁八仙人物相呼应,又突出了贺寿的主题。足墙釉里红绘回纹,圈足内有青花双圈楷书款"大清康熙年制"。青花、釉里红呈色均恰到好处。釉里红绘制的波浪线条极为细密流畅,青花人物形神兼备。此碗为清代传统式样,自康熙朝至清末历代相继沿烧,但以康熙时期的器物为最佳。

清康熙青花釉里红八仙人物纹碗残片及修复后完整器

第三章
颜色釉瓷

颜色釉瓷强调人工装饰，颜色釉是陶瓷装饰技法之一，制作中注重自然天成。釉是附着在陶瓷坯体表面的玻璃质薄层，能使陶瓷表面光洁，提高强度和绝缘性，颜色釉指釉料的装饰色彩。在釉中掺入不同的金属氧化物，在不同的温度和焰性中，釉会呈现出不同的色泽。通过合理的原料配方，严格控制烧成温度而产生光彩夺目的美感。

古代陶工取天然原料，经火力炼造，使釉色达到"合于天造，厌于人意"的艺术境界。惊叹人间妙手巧夺天工，偶得天然神韵之绝技。清代《南窑笔记》中有关制釉工艺的记载："夫釉水配法非有书传，亦无定则法，多配试，自有独得之妙。五金八石皆可配入。色之诡怪奇异，不一而足，千变万化，俱成文章，神而明之，存乎其人。"[1]颜色釉瓷器均匀纯净，通体浑然一色。不同颜色给人视觉带来不同美感，霁红釉之深沉，霁蓝釉之静穆，青釉之淡雅，黄釉之庄肃、白釉之洁净……或绚丽，或淡雅，或沉稳，或奔放，体现出"朴素而天下莫能与之争"的精神内涵，代表了中国艺术含蓄高雅的风格。

颜色釉的发展至清代达到了炉火纯青的水平。釉色的奥秘取决于釉料的配方和烧成技术。景德镇的匠师准确掌握烧制各种釉料变化的因素，调配得心应手。利用不同的釉料配方、窑炉温度以及焰性的变化，创造出异彩纷呈的颜色釉。康熙时期不仅成功的恢复了明代诸多釉色，又创烧出多种新釉色。颜色釉达到了均匀纯正之后，追求细致变化，甚至同一种釉色能烧出不同的色调。在唐英编《陶成纪事碑记》中所列的岁例贡御釉彩共57种，其中36种是颜色釉。清代的颜色釉种类繁多：黄色华贵，红色热烈，蓝色肃穆，青色精纯，绿色鲜嫩，白色净洁，紫色神秘。每一种釉色又有许多变化，五彩缤纷，绚丽多姿。颜色釉中的仿古器，如仿龙泉窑、哥釉等能以假乱真，有的甚至超过原品的水平。"仿肖古名窑诸器无不媲美，仿各种名釉无不巧合"。[2]清代颜色釉瓷器多为皇室祭祀天地、日月、祖先等的祭器和宫廷日用器。历代皇室所用的传统祭器的材质以铜、玉为主，随着瓷器生产的发展，瓷祭器数量逐渐增多。明清颜色釉瓷器中尤以祭器为重。历代王朝都有全套的祭祀制度，其中包括祭器的使用规定。中国传统文化中方位同颜色相对应。不同的祭祀活动和祭祀中的不同方位须配用不同的颜色釉瓷器。《大明会典》中关于祭祀用器规定"洪武二年定，祭器皆用瓷。

---

1 （清）佚名撰：《南窑笔记》，载孙彦点校整理《古瓷鉴定指南》三编，北京燕山出版社，1993年版，84页。
2 （清）蓝浦撰，郑廷桂补辑：《景德镇陶录》，载李科友、吴水存点校整理《古瓷鉴定指南》二编，北京燕山出版社，1993年版，32页。

洪武九年定，四郊各陵瓷器，圜丘青色，方丘黄色，日坛赤色，月坛白色"。¹当时皇室祭祀是以青、黄、红、白四色瓷器，象征天、地、日、月。祭红、祭蓝等颜色釉的名称由来也与祭祀有关。清沿明制，各种祭祀活动中也大量使用颜色釉瓷器。瓷器与商周时期青铜器礼器一样被人为蒙上等级色彩。封建王朝等级森严，影响着颜色釉瓷器的生产和使用。朝廷严格控制着颜色釉中最高等级的黄釉瓷器的生产，连残次品都要送往京城。瓷器贡入宫廷，在使用中也有严格的等级差异，标志着使用者身份的高低。

圆明园出土的颜色釉瓷器残片为康熙和乾隆时期制品，以康熙朝数量最多且釉色最为丰富。器型以杯、盘、碗为主，也有一些文房用具和陈设器。多为素面以突出釉色之美，也有刻花、印花、堆花等辅助装饰，追求釉色均匀纯正中的变化。隽秀的造型和纯净的釉色完美结合，相得益彰，展现出清丽秀雅的艺术风格。颜色釉呈色除了依赖釉的配方以外，烧成温度和窑内气氛对釉的呈色也有间接影响，很难找到两件呈色完全一致的颜色釉瓷器。圆明园出土的同一釉色、器型、纹饰的残片很多，但颜色差别不大，可见御窑瓷器烧造水平很高，而且挑选标准严格。

---

1 《大明会典》，载熊寥、熊微编著《中国陶瓷古籍集成》，上海文化出版社，2006年版，12页。

一、黄釉

在中国传统文化中五行与方位、颜色相对应。"土"居中，对应黄色。有统率四方之意。土地是国家权力的象征，历代帝王都崇尚土德，且"黄"与"皇"同音。因此黄色成为帝王崇尚、专属的颜色，成为权力、尊贵的象征。黄釉瓷器在明清两代为宫廷御用，历来是朝廷控制最严的一种釉色，烧制和使用都有严格的规定。

乾隆七年（1742）为节约开支，皇帝命御窑厂生产的瓷器中的次色可在民间销售。"嗣后脚货不必来京，即在本处变价"。但唐英以为不妥，于是在乾隆八年（1743）二月二十日上《请定次色瓷器变价之例以杜民窑冒滥折》："惟是国家分别等威，服物采章，俱有定制。故厂造供御之瓷，则有黄器及锥拱彩绘五爪龙等件，此等器皿，非奉赏赐，凡在臣下不敢珍藏擅用，以滋违制之戾。""至于黄器及五爪龙等件，尤为无可假借之器，似未便以次色定价，致本处窑户伪造僭越，以紊定制。奴才愚昧之见，请将此选落之黄器、五爪龙等件照旧酌估价值，以备查核，仍附运进京，或备内廷添补副余，或供赏赐之用，似可以尊体制而防亵越。"乾隆朱批："黄器如所请行。五爪龙者，外边常有，仍照原议行。"[1] 皇帝对黄釉器的重视程度甚至超过了五爪龙纹。自此，景德镇黄釉瓷器的残次品仍旧押运京城，虽然糜费资财，但却维护了皇家对黄釉瓷器的垄断。督陶官惠色曾于乾隆二十年三月二十七日上《奏缴娇黄次色瓷器折》[2]；乾隆二十一年七月初七，唐英上《恭缴次色

---

1 （清）唐英撰：《请定次色瓷器变价之例以杜民窑冒滥折》，载熊寥、熊微编著《中国陶瓷古籍集成》，上海文化出版社，2006年版，107页。
2 （清）惠色撰：《奏恭缴娇黄次色瓷器折》，载熊寥、熊微编著《中国陶瓷古籍集成》，上海文化出版社，2006年版，126页。

黄器及次色祭器折》[1];乾隆二十四年五月二十二日,尤拔士上《奏恭交次色黄器折》[2]。无论是唐英还是其他管理窑务的大臣,按照乾隆的旨意,不断依旧例将次色黄釉器造册并交广储司查收。

封建社会皇权至高无上,等级制度森严。瓷器与商周时期的青铜礼器一样,被人为蒙上了等级色彩。黄釉瓷器是皇室的专用器,同时也是等级制度的象征。清廷对黄釉瓷在正式场合的用法有明确的制度。据《国朝宫史》卷十七记载:皇太后、皇后用里外黄釉器,皇贵妃用黄釉白里器,贵妃用黄地绿龙器,嫔妃用蓝地黄龙器,贵人用绿地紫龙器,常在用绿地红龙器,至于答应、皇子福晋则用"各色瓷盘、碟、碗"等。这段文献说明了彩釉装饰中黄釉的多少由身份地位决定,由全黄釉到黄釉白里,从以黄釉为地,到以黄釉作彩,再到没有黄色的绿地紫彩、绿地红彩器等,等级规定森严,尊卑有别,不得僭越。在圆明园出土的诸多种颜色釉瓷片中黄釉的数量最多,而且黄釉中的最高等级内外全黄釉的在其中最多,可见这批瓷器的使用者身份贵重,等级很高,应为皇帝、太后或皇后。

---

1 (清)唐英撰:《恭缴次色黄器及次色祭器折》,载熊寥、熊微编著《中国陶瓷古籍集成》,上海文化出版社,2006年版,123页。
2 (清)尤拔士撰:《奏恭交次色黄器折》,载熊寥、熊微编著《中国陶瓷古籍集成》,上海文化出版社,2006年版,125页。

清康熙黄釉暗螭纹双龙耳托杯

　　由耳杯和托碟两部分组成。耳杯内白釉外黄釉,腹部饰有模印的互相衔接的螭龙纹,两侧各有一龙形耳。托碟撇口,浅壁,圈足,碟中心有圆形凹槽,并凸起一周托圈,周凸内凹可以套合酒杯用以固定双耳小杯。沿内暗刻海水边饰一周,内心暗刻双龙戏珠纹,外壁暗刻行龙纹。托碟和耳杯底部白釉内均有青花双圈六字楷书款"大清康熙年制"。《饮流斋说瓷》中有关于此杯的记载:"双耳之杯,有方有圆。康窑蛋黄色凹雕暗花者,耳作龙形,乃御窑也。"[1]残片小巧,胎壁极薄,纹饰线条清晰流畅,色调淡雅,庄重华丽,为康熙御窑精品。北京故宫博物院收藏有与此残件相同的完整器。

清康熙黄釉暗螭纹双龙耳杯(摘自《饮流斋说瓷译注》)

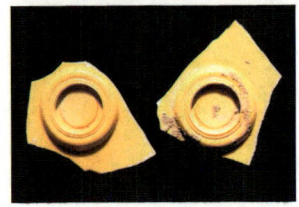

清康熙黄釉暗螭纹双龙耳托杯残片

---

1 许之衡著:《饮流斋说瓷》,载叶喆民译注,刘伟配图《饮流斋说瓷译注》,紫禁城出版社,2005年版,131页。

清康熙黄釉盘

此盘仅存底部,器内外光素无纹,满施黄釉,釉色匀净,浑然一体。外底圈足内施白釉,青花双圈六字楷书款"大清康熙年制"。胎质坚硬洁白,釉色凝厚鲜亮。圆明园出土的颜色釉残片中,内外黄釉盘、碗残片数量最多。清代这种内外均施黄釉的瓷器等级很高,内廷中只有皇太后和皇后才能使用。

清康熙黄釉盘残片

清康熙黄釉暗刻龙纹碗

　　内外均施黄釉，内心暗刻戏珠龙纹，外壁近底处暗刻一周莲瓣纹，其他部分残缺。圈足内白釉，青花双圈六字楷书款"大清康熙年制"。胎质细白缜密，釉层晶莹透彻，暗刻的花纹透过釉层清晰可见。此碗通体黄釉并装饰五爪龙纹，等级很高，也彰显出威严富丽的皇家气派。

清康熙黄釉暗刻龙纹碗残片

清康熙黄釉暗刻西番莲纹盘

此盘残片出土较多,经拼对、修复后基本完整。通体施黄釉,盘心和外壁暗刻西番莲纹。花大叶小,花瓣层次丰富,叶呈螺丝状。圈足内施白釉,青花双圈六字楷书款"大清康熙年制"。黄釉光润匀净,釉层薄而透明,纹饰清晰。

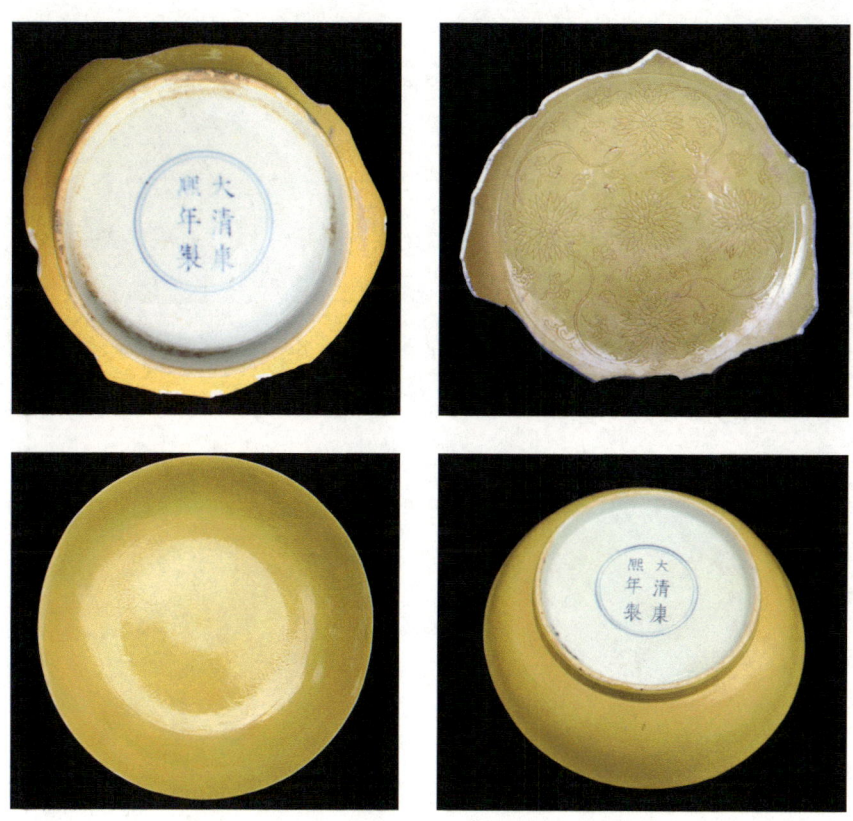

清康熙黄釉暗刻西番莲纹盘残片及修复后完整器

二、红釉

红，最耀眼夺目的颜色。霁红釉因"如朝霞霁色"而得名，也称祭红，色泽深沉，红不刺目，鲜而不过。《景德镇陶录》称："《肆考》纪明厂窑作祭红，沈阳唐公《记》今厂器作霁红，而陶俗皆作济红。其实祭红为是。盖宣窑造此，初为祭郊日坛用也。唐窑《记》：霁红，由宣窑霁青推写耳。"[1] 由此可见，"霁红"原称"祭红"，反映了它同祭祀的关系，唐英将其改称为霁红，使之更富文采。

红色在中国自古以来就是吉祥喜庆之色，红釉瓷器被誉为"千窑一宝"。霁红釉以氧化铜为着色剂，在高温还原气氛下烧成。铜在高温下极易挥发，即使微小的变化也能导致色调的差异。由于烧成难度大，成品率很低。"官古窑成重霁红，最难全美费良工，霜天晴昼精心合，一样抟烧百不同。"[2] 这首《景德镇陶歌》形象描绘了霁红釉烧成之难。元代初创，但烧造技巧并没有成熟，明永乐、宣德时期烧造成功鲜艳的红色，明末几乎停烧，直到清康熙时才得以恢复并再现辉煌。

---

1 （清）蓝浦撰，郑廷桂补辑：《景德镇陶录》，载李科友、吴水存点校整理《古瓷鉴定指南》二编，北京燕山出版社，1993年版，65页。
2 （清）龚鉽撰：《景德镇陶歌》，载孙彦点校整理《古瓷鉴定指南》三编，北京燕山出版社，1993年版，242页。

清康熙霁红釉大碗

此碗经拼对、修复后基本完整。胎体坚硬厚重，内白釉，外壁霁红釉，均匀纯正，失透深沉，能够烧出这样浑然一体的红釉十分不易。口边缘处一道圆润的白边，犹如灯草，俗称"灯草口"，红白分明，衬托得红釉更显浓艳。圈足内施白釉，青花双圈六字楷书款"大清康熙年制"。凝重深沉的釉色与敦厚古朴的器型，给人端庄沉稳之感。

清康熙霁红釉大碗残片及修复后完整器

清康熙霁红釉小碗

造型规整,胎质细密。内白釉,外壁为霁红釉,明艳均匀,纯净无疵,釉色莹亮。口沿处窄窄的一周白边与红釉相映生辉,端庄典雅。圈足内施白釉,青花双圈六字楷书款"大清康熙年制"。

清康熙霁红釉小碗残片

三、蓝釉

蓝釉呈色剂为氧化钴,最早出现于元代,但传世品不多。明、清两代在元代蓝釉的基础上相继创烧出霁蓝、洒蓝、天蓝等各色釉。霁蓝釉又名祭蓝釉、霁青釉,色泽深沉醇厚,呈色均匀稳定。以钴料为着色剂,高温下一次烧成。元代始烧,明清延烧不断。据《大明会典》记载,四郊各陵瓷器"圜丘青色",祭天用蓝釉瓷器,祭蓝的名称因此而来。清朝霁蓝釉瓷器作为祭祀、陈设和日用瓷。

清康熙霁蓝釉盘

此盘经拼对、修复后基本完整。内外均施霁蓝釉,通体光素无纹,彰显釉色之美。圈足内施白釉,青花双圈内六字楷书款"大清康熙年制"。胎体致密,釉面均匀,明亮光润。釉色凝重,蓝如深海,给人以庄重肃穆的沉静之美。

清康熙霁蓝釉盘修复后完整器

清乾隆霁蓝釉杯

此杯经拼对、修复后基本完整。造型规整，内白釉，外施霁蓝釉，圈足内施白釉，青花书六字篆书款"大清乾隆年制"。虽是普通的宫廷用器，但制作一丝不苟。釉色稳定均匀，釉面晶莹，具有宁谧、深沉之美。

清乾隆霁蓝釉杯修复后完整器

清康熙天蓝釉盘

天蓝釉以氧化钴为着色剂,且钴含量在1%以下高温烧成。创烧于清康熙年间,釉色浅淡素雅,似蔚蓝的天空之色,由此得名,类似宋代汝官窑的天青色。烧造数量少,相比其他颜色釉可称凤毛麟角,十分名贵。

残片内外均施天蓝釉,釉色淡雅匀净,莹润透亮,令人赏心悦目。双重圈足,两圈间无釉。足内施白釉,残存部分青花双圈。应为康熙朝烧制天蓝釉盘的残片。

清康熙天蓝釉盘残片

四、紫釉

紫釉是以氧化锰为呈色剂的低温釉，釉料中的铁、钴等其他金属元素起调色作用。因色如茄皮，又称"茄皮紫"。呈色有深浅之别，深者呈紫黑，如熟透的茄皮，常施于尊、罐、大盘、大碗等器上；浅者呈淡紫色，似未成熟的茄皮色，多施于小件盘、碗之上。创烧于明代宣德朝，康熙时茄皮紫的烧造十分流行。《饮流斋说瓷》记载："茄紫一色始于明末，康熙继之，皆系玻璃釉。淡者比茄皮之色略淡，深者比煮熟茄皮之色略重，故有淡茄、深茄之分。淡茄尤为鲜艳，介于豇豆、芸豆之间。"[1]

---

[1] 许之衡著：《饮流斋说瓷》，载叶喆民译注、刘伟配图《饮流斋说瓷译注》，紫禁城出版社，2005年版，66页。

清康熙淡茄皮紫釉缠枝花纹碗

残片外壁淡茄皮紫釉,内壁光素,外壁主体部分暗刻缠枝莲纹,近底处饰一周莲瓣纹。足内施白釉,青花双圈内六字楷书款"大清康熙年制"。淡茄皮紫釉本就较少见,残片釉色纯正,釉面莹亮,纹饰清晰,刻花生动流畅,弥足珍贵。

清康熙淡茄皮紫釉缠枝花纹碗残片

明万历淡茄皮紫釉锥拱云龙纹碗(现藏北京故宫博物院)

五、酱釉

酱釉又称紫金釉，是以氧化铁为着色剂的高温釉。创烧于宋代北方窑，明清两代官窑均有生产。

清康熙酱釉缠枝牡丹纹碗

残片通体罩酱釉,内壁光素,外壁刻缠枝牡丹纹。枝叶华丽舒展,花朵圆润饱满,花瓣层层叠叠,以细线刻有写实的筋脉。圈足内施白釉,青花双圈内六字楷书款"大清康熙年制"。胎体洁白轻薄,釉色素洁高雅,深浅适中,釉面光亮莹润。

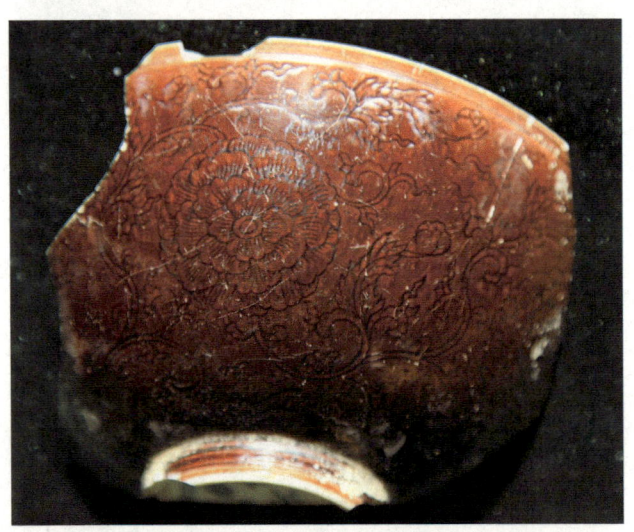

清康熙酱釉缠枝牡丹纹碗残片

六、绿釉

绿釉由汉代的低温铅绿釉发展而成,以氧化铜为着色剂,铅化合物为助熔剂的低温釉。瓜皮绿为绿釉中的一种,因色泽碧绿如西瓜皮之色得名。明朝宣德、成化、嘉靖均有烧造。施釉方法是将釉浇在素烧的瓷胎上,又称为浇绿釉。唐英在《陶成纪事碑记》中将其列为仿古釉:"仿浇绿器皿,有素地、锥花二种。"[1] 康熙时期瓜皮绿釉的釉面玻璃质感强,透明光亮。

---

1 (清)唐英撰:《陶成纪事碑记》,载熊廖、熊微编著《中国陶瓷古籍集成》,上海文化出版社,2006年版,298页。

清康熙绿釉缠枝莲托八吉祥纹碗

　　残片胎质洁白，内外壁均施绿釉。釉色如翡翠般明净雅致。釉面光润莹亮，洁净透明。外壁主体纹饰为暗刻缠枝莲托八吉祥纹，近底处饰一周如意纹。缠枝莲花形优美，上托结带八吉祥纹，装饰华丽。纹饰线条流畅，布局疏密有致。圈足白釉内青花双圈六字楷书款"大清康熙年制"。

清康熙绿釉缠枝莲托八吉祥纹碗残片

七、青釉

  青釉在我国陶瓷史上出现最早,是颜色釉的"鼻祖",并贯穿整个陶瓷发展史,从东汉至明清历代均大量烧造。青釉是以铁为着色剂在还原焰中烧成的高温颜色釉。中华民族自古有崇玉之风,视玉为器物中的君子,青釉瓷温润如玉的色调和质感,为历代文人雅士和王公贵族所喜爱。青釉呈色因釉中含铁量的多少,以及烧制过程中窑内烧成气氛的不同,有深浅不同的多种色调,淡青色称粉青,稍深者称东青,最深者称豆青。虽然烧造历史悠久,但直至清代青釉的烧制才达到随心所欲的程度,每类产品纯然一色。

清康熙青釉松竹梅纹杯

造型隽秀小巧，胎体轻薄，内外均施青釉，釉色淡雅悦目，釉面莹润无暇，如冰似玉。外壁装饰松竹梅纹，纹饰微微凸于器表，具有浅浮雕的效果。圈足内施白釉，青花双圈六字楷书款"大清康熙年制"。釉面润泽，釉质坚硬，釉色纯净典雅，具有文人雅士崇尚的清淡含蓄的艺术风格。

清康熙青釉松竹梅纹杯残片

清乾隆青釉云龙纹缸

瓷缸原碎成90余块，经修复后基本完整。器型为钵式缸，仿照佛家所用之钵，古朴端庄，敦厚饱满，是清代用来贮盛书画的画缸。通体施以青釉，圆口内收，肩部突出，肩以下渐敛，平底。主体纹饰为凸花装饰，海水云龙纹，外壁近口沿处有一周如意云纹。在浪花飞溅、波涛汹涌的万顷碧涛之上，雄健威武的龙，在云层中飞腾，张牙舞爪，忽隐忽现，有叱咤风云之势。底足青花六字篆书款"大清乾隆年制"。此缸器型规整，清雍正、乾隆年间大器的烧制技术已相当成熟，器物不会因胎重而变形。青釉均匀稳定，釉面平整光润，给人以青玉般的质感。通过图案的凸凹起伏，使釉层薄厚产生变化，烧成后使单一的釉色产生深浅浓淡的层次变化，增加了纹饰的立体感。海水云龙纹隐现在润泽的釉层内，与人们赋予龙的神秘性相符合。器型、釉色、纹饰俱佳，为乾隆朝大器中的精品。上海博物馆收藏有一件器型、纹饰与其相似的雍正朝器物。

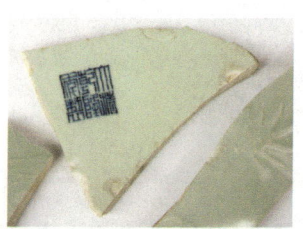

清乾隆青釉云龙纹缸残片

圆明园寻瓷

清乾隆青釉云龙纹缸修复后完整器

清雍正青釉云龙纹缸（现藏上海博物馆）

清乾隆青釉叶式笔舔

供书写和绘画所用的文房用具在我国历史悠久。明清时期随着贵族、文人审美及功能的需求，书房案头陈设日渐增多，且分工细致，各有用途。一方面可以佐文人书画之用，另一方面还可以助闲暇时怡情养性。文人雅士把他们的知识、理念、情怀、志趣，融入并寄托到了朝夕相伴的文房用具之中，书房文玩被设计得精巧雅致，体现着他们的情趣品味，成为文人、士大夫乃至帝王官宦书斋案头不可缺少的器物。清人朱琰在《匋说》中曾对文房用具作过全面概括，除"砚屏、墨床、书滴、镇纸、司直，各适其用"[1]之外，放笔有笔管、涮笔有笔洗，安笔有笔床，架笔用笔格，插笔有笔筒，也一应俱全。

笔舔是匀笔的用具，下笔前用于验墨浓淡或理顺笔毫，使笔内涵墨均匀，毛锋顺畅，避免一笔之间发生墨色浓淡不均的现象。此笔舔残存一半。器型为树叶形，小巧雅致，胎洁白细腻，釉色纯净，釉层凝厚滋润有玉质感。底部有青花六字篆书残款"大清乾□年□"。仿树叶形的造型，置于文房书案之上，追求自然生趣，彰显文人情怀。全器施粉青釉，釉质浓润，以支烧方式烧成，底部有小圆点状的支烧痕。古代有"以玉比君子之德"的传统观念，历代文人和贵族都追求青瓷的玉质感。以此器作为文房用品，不仅满足了使用者挥毫翰墨的需要，也使其得到美的享受。

1（清）朱琰撰：《匋说》，载熊廖、熊微编著《中国陶瓷古籍集成》，上海文化出版社，2006年版，321页。

圆明园寻瓷

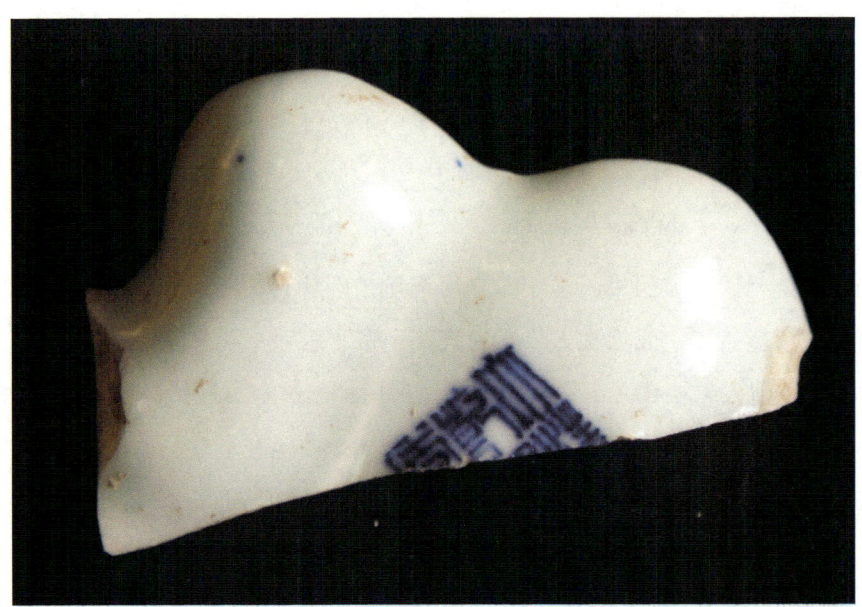

清乾隆青釉叶式笔掭残件

清青釉竹石纹鼻烟壶

鼻烟是烟草制品的一种，将烟草碾成粉末配以各种香料，经发酵后密封陈化而成。不同于卷烟需点火燃烧，鼻烟是将粉末直接吸入鼻中，有提神醒脑通嚏之功效。吸闻鼻烟的习俗，最早起源于烟草的发明者印第安人。16、17世纪，鼻烟传入欧洲后即为皇室、贵族、教会等统治阶层接受，吸闻鼻烟成为时尚风潮。鼻烟在明末清初由外国传教士进献宫廷。此后吸闻鼻烟也受到清代皇帝的喜爱。但欧洲盛放鼻烟的器具鼻烟盒在中国并不适用。清宫从康熙朝开始制作鼻烟壶，成为清廷盛装鼻烟的新容器。造型一般口较小，使气味不易外泄，腹部扁圆，容积加大，壶盖带一小勺，可伸入壶内。雍正为皇子时就好吸鼻烟，即位后仍有此嗜好，并命造办处大量制作鼻烟壶。乾隆朝制作小巧精致的鼻烟壶已蔚然成风，将各类工艺展现于方寸之间，于材质、造型及技法皆极尽巧思。鼻烟壶作为盛放鼻烟的用途逐渐淡化，玩赏、收藏却蔚然成风，成为彰显使用者身份地位及品位的象征。所造鼻烟壶除宫廷使用外，还赏赐王公大臣和馈赠各国来使。清宫鼻烟壶品种繁多，除玻璃、铜胎画珐琅、玉及各类宝石之外，以瓷胎为最多。

此青釉鼻烟壶于圆明园澹怀堂出土，基本完整，壶口、壶盖以及与盖相连的小勺残缺。造型小巧玲珑，通体施青釉柔婉温润。两面纹饰相同，菱花形开光内挺拔的翠竹和山石相依，山石旁菊花盛开，蝴蝶展翅飞舞。器物虽小，但造型、釉色、纹饰均优雅秀丽。

圆明园寻瓷

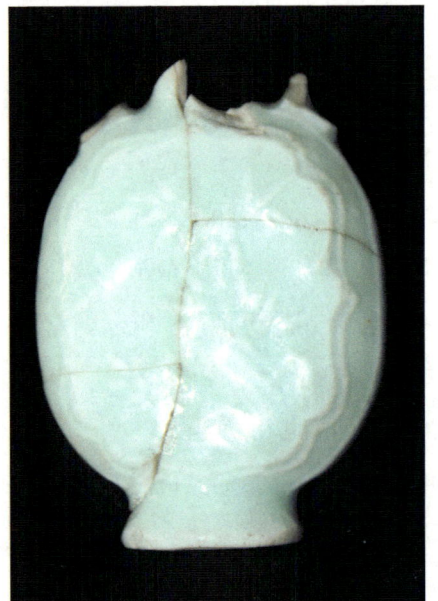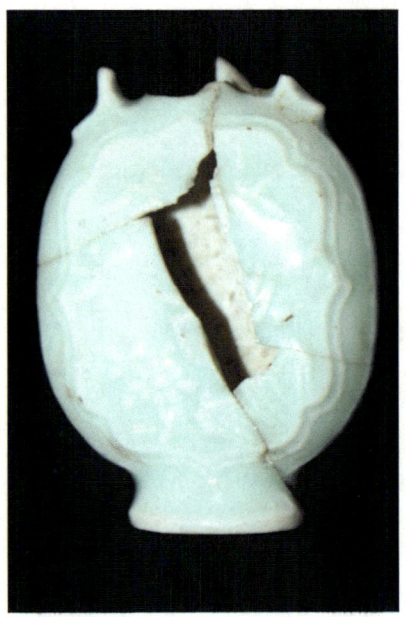

清青釉竹石纹鼻烟壶残件

八、白釉

　　白釉瓷在历史上开始制作较早，但烧成优质的白瓷并非易事。古代的白釉实际是透明釉。高质量的白瓷需要纯净的胎土和釉，即使其中含有微量的杂质，也会影响胎釉的发色，降低成品质量。入窑烧制时的火候控制也非常重要。清代景德镇白瓷制作水平不断提高。胎土淘洗精细，釉面洁白细腻，釉质温润如玉。白瓷庄重、肃穆，是明清皇室祭祀月坛和祖先专用的色釉瓷。类银似雪的白瓷洁净素雅，也作为宫廷日常用器。优质的白瓷还为清代彩瓷的制作提供了良好的先决条件。白釉残片多用暗刻、模印装饰，给单调的釉色增添几分美感。

清康熙白釉暗刻龙纹杯

胎体洁白,轻薄如蛋壳,迎光可见指影,有"只恐风吹去,还愁日炙销"之美感。釉面莹白,犹如冰肌玉骨造化而成。外壁暗刻的龙纹于白釉下若隐若现。口底利落。底部足内青花双圈六字楷书款"大清康熙年制"。《饮流斋说瓷》称赞这种瓷器:"脱胎一种,其薄类于鸡卵之壳。此等制品,始于永乐,仿于康雍,乾隆以后遂不能仿。盖夺造化之天工,极制作之能事矣。"[1]

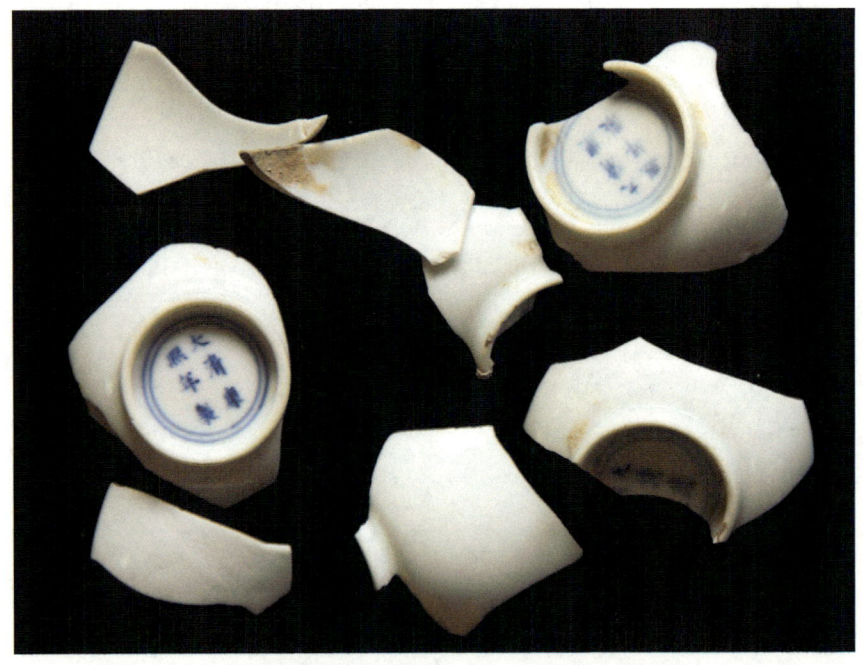

清康熙白釉暗刻龙纹杯残片

---

1 许之衡著:《饮流斋说瓷》,载叶喆民译注、刘伟配图《饮流斋说瓷译注》,紫禁城出版社,2005年版,48页。

清康熙白釉双龙捧寿纹盘

　　残片胎薄体轻,细腻洁白,白釉光润如玉。盘心暗刻双龙捧寿纹,二龙围绕团寿字左右腾飞,并以前爪抓持团寿字,周围衬以火焰纹。底部足内青花双圈六字楷书款"大清康熙年制"。刻工纤细流畅,团寿字寓意长寿,双龙苍健威猛,方尺之间尽显皇家气派。

清康熙白釉双龙捧寿纹盘残片

清康熙白釉暗刻云龙纹碗

残片胎体细腻洁白，釉面纯净柔和，有柔润之感。外壁暗刻云龙纹，龙透过典雅的白釉，如腾云驾雾一般。底部足内青花双圈六字楷书款"大清康熙年制"。

清康熙白釉暗刻云龙纹碗残片

清康熙白釉暗刻缠枝莲纹碗

　　残片胎白细腻干净，釉面明亮透彻。外壁暗刻缠枝莲纹，花朵饱满，花叶细密，枝蔓缠绕往复。内心双圈内暗刻一株桃树，树干盘曲，枝叶茂盛，果实累累。暗刻纹饰线条纤柔流畅，细如发丝，使通体单调的釉色增加了美感。底部足内青花双圈六字楷书款"大清康熙年制"。

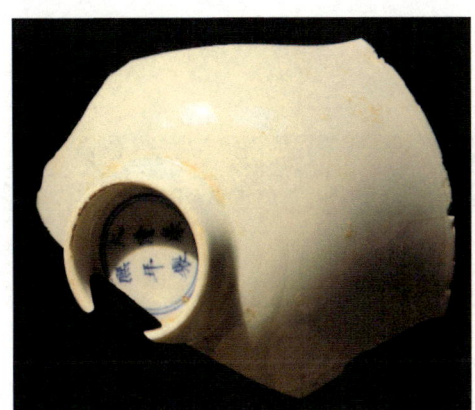

清康熙白釉暗刻缠枝莲纹碗残片

清康熙白釉缠枝莲纹碗

残片胎质坚薄细白,釉面光润透明。通体施白釉,外壁模印缠枝莲纹,花纹繁密,线条清晰,缠绕枝蔓连绵不断。纹饰凸起,具有浅浮雕般的立体感,使朴实无华的白色釉面呈现出一种华丽的质感。

清康熙白釉缠枝莲纹碗残片

清乾隆白瓷象

工匠以俯视的角度塑造白瓷象。象牙前伸，象鼻大部分隐于象牙中，双目细长。象耳一只表现细致，一只简略，象耳上刻叶脉式的装饰。圆润健硕的身躯，憨厚可爱的形态，跃然眼前。大象皮肤纹理和头顶的锦披装饰，富有真实感和立体感。头顶和眼珠原应有嵌饰，出土时已不存。白象是佛教中常见的瑞兽。古人认为"王者政教得于四方则白象至"，"太平有象"是人君有德的象征。"象"亦谐音"祥"，寓意吉祥万年。清代宫中专设象房驯养在宫廷朝会中站班的仪象。从白象头顶华丽的装饰可知，此瓷象塑造的是清代卤簿仪仗中的仪象。此白瓷象出土于圆明园含经堂。

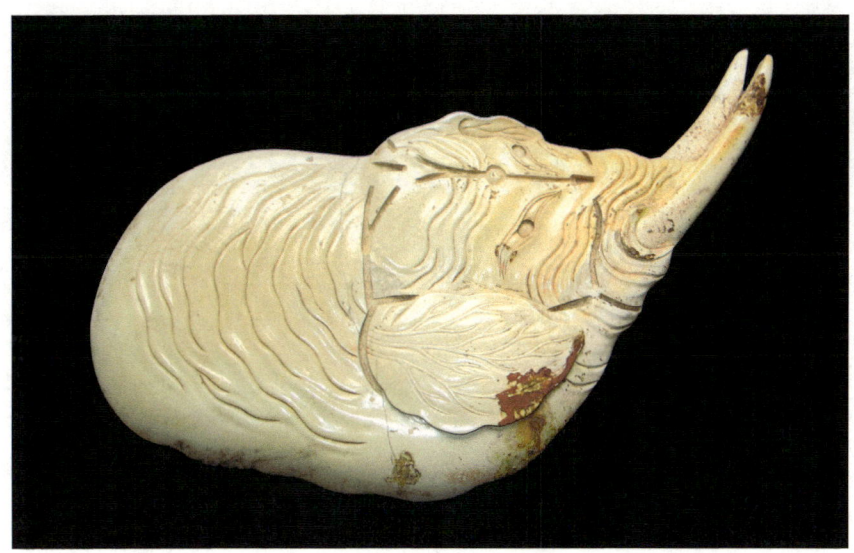

清乾隆白瓷象

九、颜色釉仿古瓷器

清康熙仿龙泉窑青釉莲瓣碗

龙泉窑窑址在浙江省龙泉县（今龙泉市）。龙泉窑以釉色莹润澄澈，如冰似玉的青瓷闻名于世，也备受皇家珍爱。龙泉青瓷南宋时烧造臻于完善。南宋诗人杨万里曾以"琢瓷作鼎碧于水"来赞誉其优美的釉色。明代龙泉窑曾为宫廷烧造御用瓷器。

此碗经修复后基本完整。器型为敞口，浅腹，小圈足。胎体洁白细腻，内外均施青釉，釉色青翠莹润，光泽柔和透明，具有如玻璃般的质感。口沿因釉薄而出现一线白色。外壁刻有双层莲瓣纹，由足上至口下呈放射状排列。莲瓣尖长，挺拔有力，富有立体感。圈足内施白釉，青花双圈内六字楷书款"大清康熙年制"。优美的造型、雅致的装饰与清新的釉色浑然一体，如一朵"出淤泥而不染"的青莲，体现了中国传统文化中自然天成的审美趣味，也取其谐音，意在"为政清廉"。此碗仿明龙泉窑青釉莲瓣碗，造型、釉色均相似，外壁的浮雕莲瓣纹略有不同。

清康熙仿龙泉窑青釉莲瓣碗残片及修复后完整器

圆明园寻瓷

南宋至元青瓷莲瓣碗（现藏台北故宫博物院）

明龙泉窑青釉莲瓣碗（现藏浙江省博物馆）

清仿哥窑象棋子

宋代名窑迭出，精品多在历朝内府流传，但随着时间的推移和朝代的兴替，宫中所藏珍贵宋瓷越来越少。清代博古之风盛行，对古陶瓷的鉴赏与品评无不以宋瓷作为最高的审美标准。雍正、乾隆两朝致力于古瓷釉色的摹仿。清帝曾多次发送宫中所藏宋瓷令景德镇御窑厂仿制。乾隆崇尚"师古而不泥古，仿旧而不忘新意"，有的仿品几乎乱真，有的虽宗宋瓷神韵，又带有鲜明的时代风格，融汇古今为一器。

哥窑为宋代五大名窑之一。以烧制釉面满布碎片纹的青瓷著称。仿哥窑器在明永乐、宣德、成化时景德镇已开始烧制，一直延续到清末。清代以雍正、乾隆的仿哥窑成就最高。督陶官唐英于《陶成纪事碑记》中记载："仿铁骨哥釉，有米色、粉青二种，俱仿内发旧器色泽。"[1] 窑火能赋予颜色釉美丽的色泽，也会使釉面留下缺憾。哥釉的裂纹釉面开片本是因胎釉在烧制过程中膨胀系数不一致而出现的缺陷。但陶工点石成金，化丑为美，在掌握其产生机理的基础上，通过调整胎釉配方和控制烧成后的冷却速度，使釉面产生纵横交错，宛如天成的开片装饰，独具古朴自然之趣。

这件仿哥窑象棋子于圆明园九州清晏如意桥遗址出土，不但仿其釉质，而且仿其胎质。胎色灰黑，釉色青灰，釉层肥厚，釉面有不规则的小碎开片，完美再现了哥窑古雅的胎釉特征。正面用红彩书写隶书体"兵"字。底部有细小支钉痕。既是实用的器具，又是一件令人赏心悦目的工艺品，置于案头玩赏之际，可解思古之幽情。

中国象棋已有两千多年的历史。小小棋盘，32 枚棋子，楚河汉界，

---

[1]（清）唐英撰：《陶成纪事碑》，载熊寥、熊微编著《中国陶瓷古籍集成》，上海文化出版社，2006 年版，296 页。

寓进退存亡之理。这种雅俗共赏的娱乐活动,也在清宫中流行。仿哥窑象棋子是唐英为乾隆皇帝烧造的娱乐品。"乾隆十年十二月十四日,司库白世秀来说,太监胡世杰交仙奕录书套匣一件,内盛哥窑相(象)棋一幅,内补冽(裂)的十二件。传旨:着配一木棋盘……"[1] 乾隆十一年五月唐英将照样烧造的"仿哥窑象棋"等件交给太监胡世杰呈览。"乾隆十一年五月初一日,总管刘沧州交哥窑象棋二分,随紫檀木棋盘二件,黑漆描金方盒二件。传旨:著送往香山一分,圆明园一分。"[2] 北京故宫博物院现藏有相似的乾隆仿哥窑象棋。棋子共32枚,分两组,每组16枚,每枚上书"车、马、象、士、炮、兵、帅"等字。一组用红彩表示,另一组用蓝彩表示。

清仿哥窑象棋子

清乾隆仿哥窑棋子(现藏北京故宫博物院)

---

[1] 中国第一历史档案馆、香港中文大学文物馆编:《清宫内务府造办处档案总汇》卷十三,人民出版社,2005年版,678页。
[2] 中国第一历史档案馆、香港中文大学文物馆编:《清宫内务府造办处档案总汇》卷十四,人民出版社,2005年版,387页。

第四章
杂釉彩瓷和素三彩瓷

一、杂釉彩瓷

杂釉彩瓷是指不能归于五彩、斗彩瓷范畴的，以两种釉彩装饰的瓷器。其中，色地彩瓷种类丰富，多种色彩交替使用，每件器物上"一地一彩"。一类是白釉地衬托单彩，如白地红彩、白地绿彩等；另一类是其他色釉地衬托单彩，如黄地绿彩、绿地紫彩等。器型主要是皇室筵宴或日常使用的杯、盘、碗等。清代宫廷对色地彩瓷需求量很大，历朝均有烧制，且都以康熙朝器物的造型、纹饰为蓝本。

中国古代皇帝正妻为皇后，皇后以下有妃、嫔等，分别享有不同的待遇。清廷后妃制度有严格的规定。在《国朝宫史》卷八"典礼"

中载：位号本朝定制，皇后之下，皇贵妃一位、贵妃二位、妃四位、嫔六位。此下又设贵人、常在、答应，俱无定位。在等级森严的清宫大内，由于后妃的名位不同，日常用度——衣食、津贴及日常用品的品种、数量依其等级而递减。后妃的日常用度包括"宫分"和"铺宫"。"宫分"是上至皇太后，下至贵人、常在、答应等每年按等级所供应的不同品种、数量的金银、布匹以及每月、每日所供应的食品。"铺宫"是指皇太后、皇后、妃嫔等，在宫中所用不同等级、品种、数量的金属器皿及瓷器、漆器等。在《国朝宫史》卷十七"经费一"[1]中，上至皇太后、皇后下至常在、答应所用瓷器的品种、釉色、纹饰及数量都有详细的记载。

皇太后：黄磁盘二百五十，各色磁盘百；黄磁碟四十五，各色磁碟五十；黄磁碗百，各色磁碗五十，黄磁盅三百，各色磁盅七十，各色磁杯百，磁渣斗六。

皇后：黄磁盘二百二十，各色磁盘八十；黄磁碟四十，各色磁碟五十；黄磁碗百，各色磁碗五十，黄磁盅三百，各色磁盅七十，各色磁杯百，磁渣斗四。

皇贵妃：白里黄磁盘四，各色磁盘四十；白里黄磁碟四，各色磁碟十五；白里黄磁碗四，各色磁碗五十，白里黄磁盅二，各色磁盅二十，磁缸二。

贵妃：黄地绿龙磁盘四，各色磁盘三十；黄地绿龙磁碟四，各色磁碟十；黄地绿龙磁碗四，各色磁碗四十，黄地绿龙磁盅二，各色磁盅十五，磁缸一。

---

[1] （清）鄂尔泰、张廷玉等编著：《国朝宫史》卷十七，北京古籍出版社，2001年版，390～394页。

妃：黄地绿龙磁盘二，各色磁盘二十；黄地绿龙磁碟四，各色磁碟八；黄地绿龙磁碗四，各色磁碗三十，黄地绿龙磁盅二，各色磁盅十二，磁缸一。

嫔：蓝地黄龙磁盘二，各色磁盘十八；蓝地黄龙磁碟四，各色磁碟六；蓝地黄龙磁碗四，各色磁碗二十；蓝地黄龙磁盅二，各色磁盅十，磁缸一。

贵人：绿地紫龙磁盘二，各色磁盘十；绿地紫龙磁碟二，各色磁碟四；绿地紫龙磁碗四，各色磁碗十八；绿地紫龙盅二，各色磁盅十。

常在：五彩红龙磁盘二，各色磁盘八；五彩红龙磁碟二，各色磁碟四；五彩红龙磁碗四，各色磁碗十；五彩红龙盅二，各色磁盅六。

答应：各色磁盘八，各色磁碟四，各色磁碗十，各色磁盅六。

皇太后、皇后用里外黄釉瓷器，皇贵妃用黄釉白里瓷器，贵妃和妃用黄地绿龙瓷器，嫔用蓝地黄龙瓷器，贵人用绿地紫龙瓷器，常在用五彩红龙瓷器，答应用各色瓷器。在数量上，级别越高占有瓷器数量越多。皇太后、皇后拥有各种瓷器一千多件，皇贵妃占有百余件，妃、嫔、贵人不足百件，常在三十余件。各色瓷器不分等级，后宫人都可以用。瓷杯和瓷渣斗是皇太后、皇后用品，皇贵妃及其以下人员只能用瓷盅。

清康熙黄地绿彩龙纹碗

此碗残片出土较多,经拼对、修复后基本完整。黄地绿彩瓷器创烧于明永乐,先在素胎上锥刻纹饰,以高温烧成涩胎,复施黄釉绿彩,以黄釉为地,用绿色施以彩绘,再低温烧成。清朝从康熙至清末,历朝都有烧造。在清宫中黄地绿龙瓷器是"贵妃"和"妃"的专用器。相对于其他品种,黄地绿彩瓷的烧造数量比较少。此碗内壁白釉,外壁黄釉为地,绘绿彩赶珠龙纹。圈足内白釉,青花双圈内六字楷书款"大清康熙年制"。釉面光亮,黄釉色泽略深,绿彩鲜艳,有阴散现象。

清康熙黄地绿彩龙纹碗残片及修复后完整器

清康熙黄地绿彩云纹碗

此碗残片出土较多，经拼对、修复后基本完整。内施白釉，外壁于黄釉之上满绘绿彩"壬"字形朵云纹，近底处绘变形莲瓣纹一周。圈足施白釉，青花双圈内六字楷书款"大清康熙年制"。釉面厚润，彩釉鲜亮匀净。纹饰布局疏密有致，线条微微突出，有立体感。

清康熙黄地绿彩云纹碗残片及修复后完整器

清康熙黄地青花云龙纹碗

　　黄地青花瓷器自明宣德创烧以来,一直延续烧制,是明清两代瓷器的传统品种。制作工艺是先以青花绘出花纹,经高温烧成白地青花器,在纹饰以外的地子上施黄釉,再二次低温烧成。残片以黄釉为地,青花绘纹饰。碗心绘青花立龙,鳞甲细密,五爪尖利,配以火焰,增加了动感。外壁近底处绘多层莲瓣纹,上半部分纹饰残缺。圈足施白釉,青花双圈内六字楷书款"大清康熙年制"。此碗的黄色较淡,青花发色纯正,色彩搭配协调。既有青花的典雅,又具皇家的华丽。

清康熙黄地青花云龙纹碗残片

清康熙绿地紫彩云纹碗

绿地紫彩瓷器创烧于明永乐官窑。残片内壁白釉,外壁以绿釉为地,主体纹饰为"壬"字形朵云纹,近底处绘变形莲瓣纹一周。在纹饰内填入色浓无光、深厚凝重的赭紫色。朵云、莲瓣纹色彩素净淡雅,立体感强。圈足内施白釉,青花双圈六字楷书款"大清康熙年制"。北京故宫博物院收藏有与此残件相同的完整器。

清康熙绿地紫彩云纹碗残片

清康熙绿地紫彩云纹碗(摘自《故宫博物院藏清盛世瓷选粹》)

清乾隆青花地黄彩龙戏珠纹盘

　　青花地黄彩器又称蓝地黄彩器，康熙至清末均有烧造。以青花涂地，先高温烧成青花地白花器物，后于留白处以黄彩填饰，再低温烧成。残片内、外壁绘首尾相逐的赶珠龙纹，外壁近足处绘变形莲瓣纹。盘心黄彩单圈内绘戏珠龙纹，鳞甲整齐匀密，富有立体感，尾较秃稍卷，周围衬以云纹。圈足内施白釉，青花篆书残款"大清乾隆……"。地釉浓艳，黄彩淡雅，釉色明亮匀净，施彩准确。蓝地黄龙瓷是清宫内廷中"嫔"使用的瓷器。

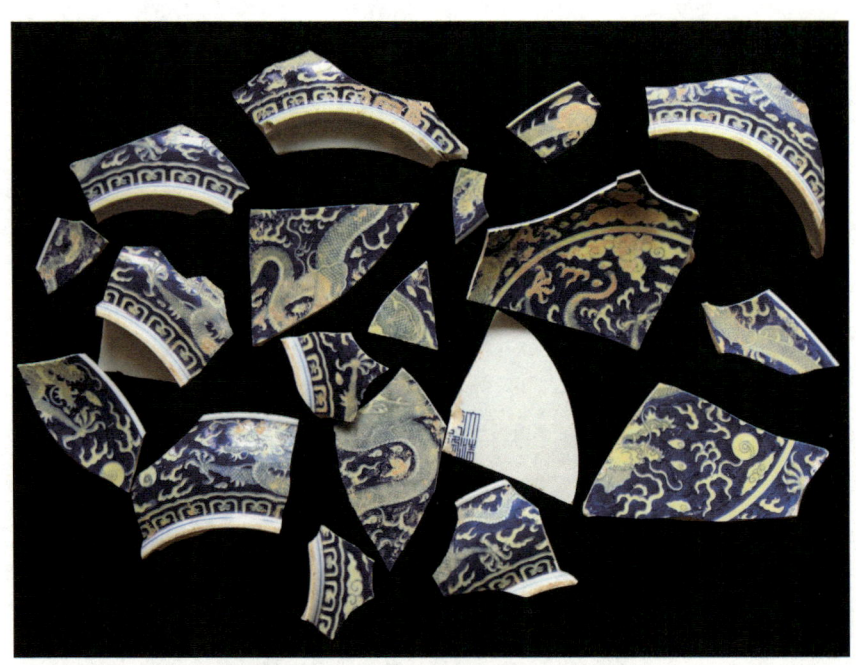

清乾隆青花地黄彩龙戏珠纹盘残片

清康熙白地绿彩云龙纹碗、清康熙白地绿彩云龙纹盘

明成化、弘治、正德三代均烧制过这种白地绿彩云龙纹并暗刻海水的盘、碗,清康熙时仿制,是明清御窑传统品种。先暗刻纹饰,入窑经高温烧成青花器,然后以墨彩勾纹饰轮廓,内填绿彩,再经低温烧成。

此盘、碗残片出土较多,经拼对、修复后基本完整。内、外均施白釉,釉上用墨彩勾边填绿彩描绘云龙纹。里心青花弦纹内绘立龙,龙身扭曲成弓形,蛇形腹,尾部细长,鳞甲细密,身姿矫健,极具康熙朝龙纹的威严霸气。盘内、外口沿及足边均装饰有两道青花弦纹。外壁绘赶珠龙纹,并在釉下刻海水纹。底部足内有青花双圈六字楷书款"大清康熙年制"。碗外壁口沿饰青花工字云和四合如意云装饰带。主体纹饰为四条行龙,其间点缀壬字云、飘带云纹。胎体轻薄,釉面润泽,画工精细。采用釉下暗刻花纹与釉上彩绘相结合的方法进行装饰。暗刻海水纹若隐若现,釉上彩绘云龙纹清晰明丽,二者相得益彰。

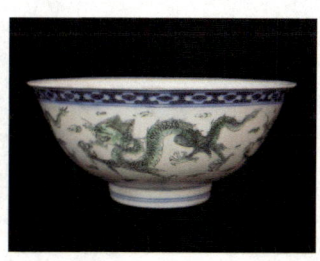

清康熙白地绿彩云龙纹碗修复后完整器

清康熙白地绿彩云龙纹盘修复后完整器

清康熙红彩海浪纹杯

矾红彩属低温釉上彩，以青矾为原料，经煅烧、漂洗在氧化气氛中烧成。矾红彩色泽虽没有铜红纯正鲜艳，但呈色稳定，烧造工艺也比高温铜红釉容易，在细腻光润的白釉衬托下，给人一种明快之感。清代矾红彩料加工精细，发色更为纯正。以康熙时期最为鲜艳光润。施彩方法分为抹红、淡描和盖雪红等多种。抹红是用矾红彩以平涂的方法，涂抹在白釉瓷器上。《匋雅》载："康熙抹红其色正朱，鲜明夺眼，断非雍、乾所能及，若官窑彩碗尤为佳绝。"[1] "涂以抹红之釉而虚其中若为空白也者，又似乎阴文之花纹，谓之盖雪。"[2] 淡描红彩又称白地红彩，用较为浅淡的红彩描绘细腻的纹饰并能表现深浅色阶。

残片胎薄体轻，内壁施白釉，外壁巧妙地运用留白的手法，表现汹涌的海水和飞溅的浪花，并于白釉下暗刻层层叠叠的细密弧线，表现水波纹。纹饰其余部分以红彩渲染，红白相映凸显装饰主题。圈足内施白釉，青花双圈内为六字楷书款"大清康熙年制"。

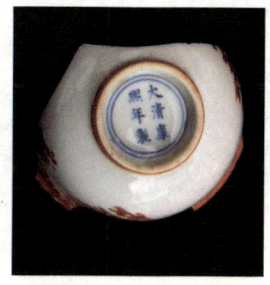

清康熙红彩海浪纹杯残片

---

1 （清）陈浏（寂园叟）撰：《匋雅》，载伍跃、赵令雯标点《古瓷鉴定指南》初编，北京燕山出版社，1993年版，12页。
2 （清）陈浏（寂园叟）撰：《匋雅》，载伍跃、赵令雯标点《古瓷鉴定指南》初编，北京燕山出版社，1993年版，40页。

清康熙红彩缠枝菊纹盘

地釉洁白,红彩鲜艳光润,绘画精细。外壁绘缠枝菊纹,以矾红彩细线勾勒花茎和花瓣的轮廓,线条既流畅又有力度。花瓣细长而尖,层层绽放,于花瓣内填饰红彩。

清康熙红彩缠枝菊纹盘残片

清康熙红彩缠枝牡丹纹盘

胎体细腻,白釉柔和莹润,画工精细。盘外壁绘缠枝牡丹纹,缠枝卷叶繁复,花卉雍容华贵。不仅以红彩勾勒花茎和花瓣的轮廓,而且叶脉也以红彩细线绘出。花瓣以红彩渲染并留白,色彩浓淡过渡自然,以表现花瓣的层次和质感。

清康熙红彩缠枝牡丹纹盘残片

清红彩天鸡盖钮

此件红彩天鸡盖钮，以白釉为地，红彩描绘花纹，墨彩点睛。昂首挺立，双翅贴体，长尾上扬，挺拔俏丽，生动传神。天鸡是传说中的神鸟。据晋代郭璞的《玄中记》载：东南有桃都山，上有大树名桃都，枝相去三千里。上有一天鸡，日初出，光照此木，天鸡即鸣，群鸡皆随之鸣。清宫造办处曾以不同工艺，各种材质，制造天鸡形象。此件红彩天鸡盖钮有可能是红彩天鸡盖碗的盖钮。红彩天鸡盖碗，《活计档》中称为"红龙白地天鸡顶有盖靶碗"，盖顶以瑞鸟天鸡为钮，为宫中佛堂供器，康熙、乾隆、嘉庆时都有制作。这件天鸡盖钮的出土地点含经堂不仅有乾隆所建的"六品佛楼"梵香楼，建筑内部还有多处佛堂，应是含经堂某处佛堂中的供器残件。

清红彩天鸡盖钮

清乾隆红彩飞龙纹天鸡盖碗
（现藏沈阳故宫博物院）

清康熙青花海水红龙纹碗

青花红彩器创烧于明宣德时期。先烧成青花器,再于釉上用红彩描绘另一部分纹饰,经低温烧制而成,使釉下青花与釉上红彩结合。这种以矾红彩代替釉里红的技法,既降低了烧造难度,在质量上更有保证,又营造出新的艺术格调。青花的沉静与矾红的娇艳形成对比,也使矾红精细勾描的纹饰更加鲜艳醒目。康熙时期御窑厂恢复了青花红彩器的烧造并逐渐完善,一直延烧到清末。

此碗残片出土较多,经拼对、修复后基本完整。通体以青花绘海水纹和云纹,矾红彩绘龙纹。外壁青花绘海水祥云纹,四只红彩龙飞腾于滚滚波涛上,穿行于云间,很有气势。内壁素白。内心绘红彩戏珠龙纹,间隙处点缀青花祥云。红彩龙纹勾描细腻,并以墨彩点睛,

清康熙青花海水红龙纹碗残片

灵动传神,气魄豪放。海水波涛汹涌,笔墨酣畅。圈足白釉,青花双圈内为六字楷书款"大清康熙年制"。红彩突出主要纹饰,青花作衬托,热烈奔放。

清康熙青花海水红龙纹碗修复后完整器

清康熙青花龙红彩海水纹盘

此盘残片出土较多，经拼对、修复后基本完整。敞口，弧壁，圈足。地釉白而光润，釉面坚实。盘心及外壁均以青花绘龙纹，细密的红彩弧线层层勾绘海浪纹，留白的浪花飞溅而起。盘心绘立龙，外壁绘三条行龙，极具动感。红色的海水波涛汹涌，蓝色的龙飞腾其间，气势非凡。圈足内施白釉，青花双圈内六字楷书款"大清康熙年制"。釉下青花与釉上红彩相互辉映，对比鲜明，使纹饰富有立体感。

清康熙青花龙红彩海水纹盘修复后完整器

清康熙青花红彩蝙蝠纹碗

残片外壁近底处青花绘海水纹,波涛滚滚,起伏汹涌,每组海水均有飞溅的留白浪花。其上以沉稳凝重的红彩大面积渲染天空,数只姿态各异的青花蝙蝠展翼飞翔其间。内心青花绘五只蝙蝠围绕着"卍"

清康熙青花红彩蝙蝠纹碗残片

字。底部圈足青花双圈内六字楷书款"大清康熙年制"。青花淡雅，红彩浓艳，互相映衬。以蝙蝠为主题纹饰，契合了人们追求"福"的心愿。传说蝙蝠为长寿之物，且"蝠"与"福"谐音。蝙蝠和海水代表"福如东海"，蝙蝠与红色的天空象征"洪福齐天"。《尚书·洪范》云：一曰寿，二曰富，三曰康宁，四曰攸好德，五曰考终命，是为五福。五只蝙蝠围"卍"字，寓意五福万代。

二、素三彩瓷

古代红为荤色,非红为素色,素三彩所用色釉以"素色"为主,不用或少用红色。素三彩是一种低温釉彩,在未上釉的素胎上,施以绿、黄、紫等色。"三"为多之意,并不限于三色。《饮流斋说瓷》中说:"茄、黄、绿三色绘成花纹者,谓之素三彩。"[1]素三彩瓷器创烧于明代中期,是在唐宋三彩的基础上发展而来,用瓷胎代替以往的陶胎。清康熙素三彩既延续明素三彩的传统,又创烧了"虎皮三彩"等独具特色的新品种。素三彩除供宫廷日常饮食或陈设使用,因不含红色也被广泛用于宫廷祭祀、丧葬等场合。康熙素三彩常以其中一色为地,其他两色绘纹饰,有黄地三彩、绿地三彩、白地三彩等品种,呈色或明快或雅致。

---

[1] 许之衡著:《饮流斋说瓷》,载叶喆民译注、刘伟配图《饮流斋说瓷译注》,紫禁城出版社,2005年版,71页。

清康熙黄地紫绿彩云龙纹盘

　　此盘为二次烧成，制作时先在素胎上锥拱图案花纹，入窑经高温烧成暗花器，然后用黄釉涂地，以紫、绿彩釉填绘纹饰，再低温烧成。

　　全器以皇家至尊之色黄釉为地，内底及外壁以紫、绿彩描绘纹饰。内心有紫、绿龙各一条在云中戏火珠，内壁无纹饰，外壁紫、绿两色团龙纹相间绘画。底部圈足内有双圈六字楷书款"大清康熙年制"。外围青花双圈和款字因被黄釉覆盖而成黑褐色。胎质洁白细腻，釉面晶莹光亮，色彩素净淡雅，纹饰有阴散现象。虽仅用黄、绿、紫三色，既古朴素雅，又具富丽华贵的皇家气派，是清历朝均有烧制的一种宫廷用瓷。

清康熙黄地紫绿彩云龙纹盘残片

清康熙虎皮三彩釉碗

虎皮三彩是康熙素三彩瓷器中空前绝后的品种。《匋雅》曰："以茄、黄、绿三色晕成彩斑，曰虎皮斑也。"[1] 这件虎皮三彩釉碗胎体轻薄，细白坚致。里外满釉，黄、绿、紫、白等不规则的斑块相互浸润，斑驳陆离，犹如虎皮。釉面光亮，釉色晶莹，色彩艳丽，斑块呈自然晕散。圈足内施白釉，青花双圈内六字楷书款"大清康熙年制"。

清康熙虎皮三彩釉碗残片及修复后完整器

---

1 （清）陈浏（寂园叟）撰：《匋雅》，载伍跃、赵令雯标点《古瓷鉴定指南》初编，北京燕山出版社，1993年版，118页。

第五章
五彩瓷

　　五彩是以多种色料绘制纹饰的彩瓷装饰。"五"是言其色彩丰富，并不局限于五种颜色，而是根据需要来使用。勾线后平涂填色，图案无深浅浓淡的变化。五彩分为纯釉上五彩和青花五彩两类。釉上五彩是纯用釉上色料在白瓷上施彩绘画后低温烧成。青花五彩是以青花作为一种色彩，与釉上多种彩相结合绘制纹饰。釉下青花描绘图案的局部，罩透明釉高温烧成纹饰不完整的青花器，再用釉上彩把画面补全，再烧制而成。青花五彩中的青花作为蓝色，只是多种色彩中的一种。

　　釉上五彩"彩色浓厚，釉傅其上，微微凸起，谓之硬彩"[1]。康熙时期是釉上五彩在继承明代的基础上不断创新，绘画风格与色调搭配都

---

[1] 赵汝珍编：《古玩指南》，载李科友、吴水存点校整理《古瓷鉴定指南》二编，北京燕山出版社，1993年版，120页。

图 57 圆明园出土釉上五彩人物纹瓷器残片

超越前代。画面气势恢宏,笔力劲健豪迈。发明了浓艳的釉上蓝彩,较好地运用黑彩,色彩增多并讲究变化,加之大量使用金彩,更显富丽华贵。清代以滋润如玉的白釉为地,将五彩缤纷的颜色衬托得更加明亮鲜艳。

青花五彩为明宣德时期创烧的新品种,嘉靖、万历时得以发展,有清新明净之韵,雍容高雅之致。康熙时青花的发展对此时青花五彩器有重要影响。康熙青花使用珠明料,以色泽青翠明亮取胜,并运用"分水"的技法,画面层次丰富,有立体感,达到中国传统绘画"墨分五色"的艺术效果。加之康熙时釉上彩种类更加丰富,施彩方法虽仍为平涂,但彩色的表现能力和艺术效果大大增强。康熙晚期粉彩烧制成功,并逐渐成为雍正、乾隆时期彩瓷的主流。此后至清末,五彩瓷的烧制每况愈下。

目前圆明园出土的五彩瓷残片以康熙和乾隆时期的青花五彩为主,且都是御窑名器。釉上五彩(图57)是五彩器的重要组成部分,也是康熙五彩的代表。从流失到国外的圆明园文物来看,盛时圆明园中也收藏有不少釉上五彩器。如将军罐、棒槌瓶、大盘等,装饰题材有动植物、花卉山水、以及取材于戏曲、小说或历史故事的人物,古朴凝重、造型挺拔,彩饰华贵,线条刚劲,给人以雄浑古朴之感。出土的釉上五彩残片数量很少,纹饰残缺较多,但线条细劲流畅,色彩鲜丽,局部以金彩点缀,应为宫廷器物。

清康熙青花五彩十二月花卉纹杯

十二月花卉纹杯又称"十二月花神杯",是康熙御窑名品,传世所见有青花和青花五彩两种,造型、纹饰均相同,青花五彩器需两次烧成,制作工艺复杂,更为名贵。圆明园出土的十二月花卉纹杯为青花五彩器,虽已成残片但根据纹饰和所题诗句分析,原应为一整套。

大小相同的十二只为一套,分指十二月。每杯外壁以青花五彩绘代表十二个月的时令花卉。花卉构图典雅,笔墨精细,造型写实,形象逼真,表现出每种花卉的细微特征、个性和风韵。其旁以青花按花卉寓意题写两句式五言或七言诗句。诗句大多出自唐诗,少数为清人所做。诗文内容多为赞赏花的品性,歌咏花的精神,与杯子另一侧的花卉图案互为衬托,彼此印证。一杯一花,一花一诗,借花寓意,体现了中国古代以花为友、天人合一的精神。每杯诗句末钤青花"赏"字篆文印。视器表为画表,诗、书、画、印相得益彰,颇有文人画韵味。杯底青花双圈内书六字楷书款"大清康熙年制"。款识字体细小如米粒,却运笔遒劲,秀逸而不失锋芒。

残片胎薄如纸,釉层晶莹似玉,已达到只见釉而不见胎的程度,但秀而不轻,薄而不飘。釉面平滑干净,呈莹润的粉白色。在白色素地上,先以青花绘画部分枝茎、大块秀石和地皮景,再用清新而工致的笔触,以红、绿、黄、紫、黑等彩釉绘制树干主体和各种花朵、动物。构图疏朗大方,运笔自然流畅,线条如铁线游丝般娴熟有力,彩料艳而不俗。铭款和诗句书写运笔自如,有书法韵味。小杯大样,气概不凡,兼具文人艺术和宫廷艺术的气质。赞颂花卉瑰丽的容姿与高尚的品质,不仅文雅还多了一份托物言志的意趣,从中可解读康熙的精神追求,反映出康熙御窑瓷器典雅的审美情趣。《匋雅》有评:"康熙十二月花

圆明园寻瓷

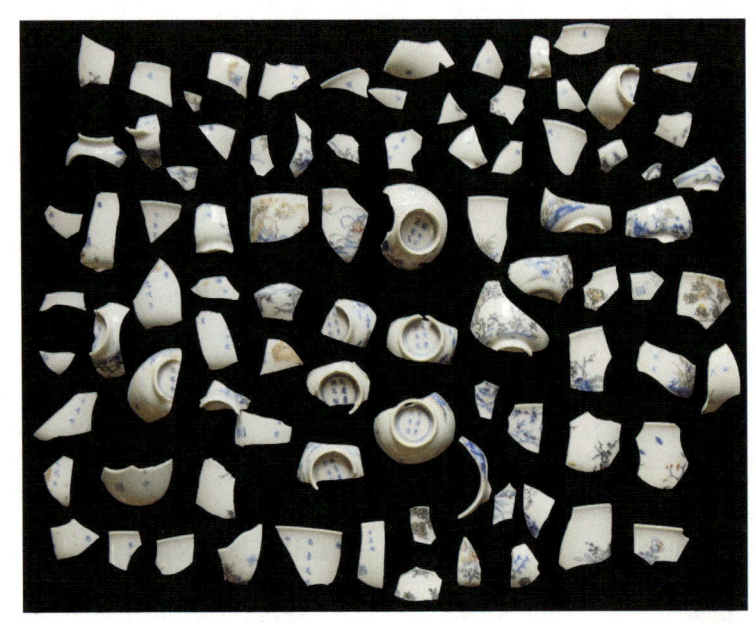

清康熙青花五彩十二月花卉纹杯残片残片

清康熙青花五彩十二月花卉纹杯（现藏沈阳故宫博物院）

卉酒杯，一杯一花，有青花，有五彩，质地甚薄，铢两自轻。……若欲凑合十二月之花，诚戛戛乎其难。"[1]

正月水仙花纹杯残片：叶片细长飘逸，花茎之上结数个花朵，或开或闭，点缀其间。墨线勾勒水仙轮廓，再涂以浅淡的黄、绿彩，清新脱俗。

五月石榴花纹杯残片：用青花淡淡描绘出起伏的地面，几株野花颇有生机。一株茁壮的石榴树，根部粗壮，主干挺立向上伸展，侧枝向左斜伸，翠叶满枝。

六月荷花纹杯残片：以青花绘水纹，浅绛色细长的芦花摇曳。一只莲蓬高高斜出，硕大的莲叶托起盛放的红色荷花，水中水鸟游弋，一派飘逸的夏日荷塘景色。

七月兰花纹杯残片：墨色勾勒花叶边缘，内填浅淡的黄绿彩。兰草中有淡蓝色的青花细枝挺立。叶片稠密，姿态各异的小花竟放于叶丛之中，生机勃勃。

八月桂花纹杯残片：墨线勾勒树干，浅绛晕染。以墨线勾勒叶片、花朵，丛丛绿叶中夹杂着一簇簇俏丽的淡黄色的桂花。

九月菊花纹杯残片：以青花皴染山石和地皮景。菊花枝干挺立，瘦细弯曲，托起大朵菊花，亭亭玉立。团形菊花层层叠叠，逐瓣勾勒填彩。

十二月梅花纹杯残片：因其生长于冬季，枝干上只有花朵而无绿叶。以青花绘山石，树干、花枝轮廓以墨彩勾勒，褐彩填绘，花卉多为无色或浅黄颜色。设色接近淡墨，用遒劲的枯笔焦墨画出树干老枝，暗香浮动，苍寒空远。

---

[1]（清）陈浏（寂园叟）撰：《匋雅》，载伍跃、赵令雯标点《古瓷鉴定指南》初编，北京燕山出版社，1993年版，52页。

圆明园寻瓷

清康熙青花五彩正月水仙花纹杯残片及完整器对比图

清康熙青花五彩五月石榴花纹杯残片及完整器对比图

清康熙青花五彩六月荷花纹杯残片及完整器对比图

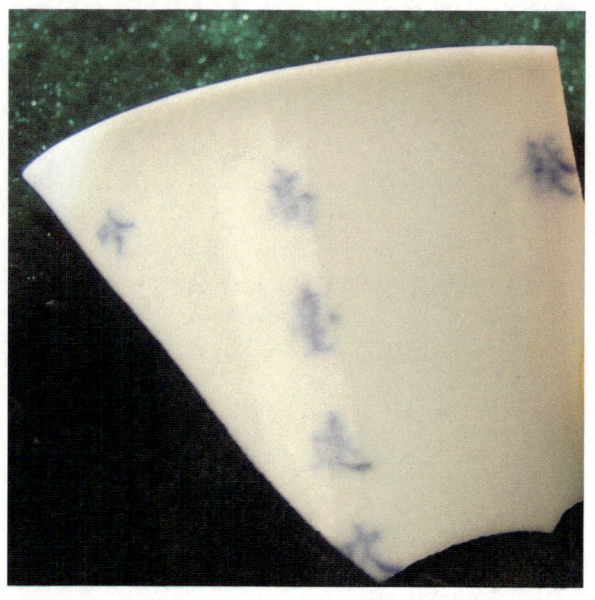

清康熙青花五彩七月兰花纹杯残片及完整器对比图

圆明园寻瓷

清康熙青花五彩八月桂花纹杯残片及完整器对比图

清康熙青花五彩九月菊花纹杯残片及完整器对比图

清康熙青花五彩十二月梅花纹杯残片及完整器对比图

清康熙青花五彩饮中八仙纹杯

饮中八仙杯是康熙御窑名品，清末及民国的陶瓷著作中多有记录。《饮流斋说瓷》云："康熙人物无一不精，若饮中八仙，若十八学士，十八罗汉与夫种种故事。皆神采欲飞，栩栩欲活。"[1]《匋雅》云："康彩饮中八仙酒杯小者多系官窑画笔，特为生动，彩亦精美，极为难得。"[2]

杜甫所作《饮中八仙歌》是唐诗中的名篇。以洗练的语言，人物速写的笔法将他所仰慕的唐代嗜酒的八位文人的醉态写入一首诗中，是别具一格，栩栩如生的"肖像诗"。《新唐书·李白传》称李白、贺知章、李适之、李琎、崔宗之、苏晋、张旭、焦遂为"酒中八仙"。八位酒仙同是唐朝人，又都在长安生活过，均嗜酒如命，豪放旷达。杜甫将他们的醉态和特长写得异常生动，醉态可掬，跃然眼前。从简洁的情节中，渲染出他们包含在醉态中的品格和才艺，为后世经久传诵。

康熙饮中八仙杯以杜甫《饮中八仙歌》中描绘的情景作为瓷绘的画面，图侧有题诗。八件一套，单人单只，杯大小一致。出土的饮中八仙杯残片胎薄如纸，釉质莹润。卧足内白釉，青花书六字楷书款"大清康熙年制"。釉上彩色泽古朴，青花呈色稳定，有浓淡深浅之别。青花线条苍劲挺拔，所绘人物表情丰富，惟妙惟肖，衣褶起伏转折处尤见功力。由于残缺较多，可见的完整的人物不多。一侍童单膝跪地，双手托红色托盘，在旁侍酒。一小贩推一辆装满货物的红彩推车。一文士头戴黑色幞头，衣饰华丽。其旁青花书与人物呼应的《饮中八仙歌》诗句，字体端庄工整，清秀有力。绘画、书法、诗文密切结合，使画

---

1 许衡之著：《饮流斋说瓷》，载叶喆民译注、刘伟配图《饮流斋说瓷译注》，紫禁城出版社，2005年版，85页。
2 （清）陈浏（寂园叟）撰：《匋雅》，载伍跃、赵令雯标点《古瓷鉴定指南》初编，北京燕山出版社，1993年版，95页。

面更加完美。

"张旭三杯草圣传,脱帽露顶王公前,挥毫落纸如云烟。"该诗句描写了有"草圣"美誉的唐代大书法家张旭。张旭"诗文兼工",是狂草的开山祖师。《新唐书·艺文传》云:张旭"嗜酒,每大醉,呼叫狂走,乃下笔,或以头濡墨而书,既醒,自视以为神"。张旭醉酒后,在王公贵戚面前脱帽露顶,挥笔疾书,若得神助,其书如云烟般飘逸。脱帽露顶写出张旭对权贵的不屑和狂放不羁的醉态。

"汝阳三斗始朝天,道逢曲车口流涎,恨不移封向酒泉。"汝阳指唐玄宗的侄子汝阳王李琎。他身为皇室贵胄,却无意权势富贵,即使去觐见天子,也痛饮后才入朝,路上碰到装载酒曲的车,满口垂涎,为自己没能封在水味如酒的酒泉郡而遗憾。

清康熙青花五彩饮中八仙纹杯残片

清乾隆青花五彩龙凤花卉纹碗

　　残片外壁口沿绘串枝结带八吉祥纹，以黄、绿、红、青花彩绘如意纹相隔。腹主体绘穿花龙凤戏珠纹，龙凤盘旋起舞寓意"龙凤呈祥"。芙蓉、菊花等各色花卉遍生其间。碗心青花双圈内红彩龙纹，龙作侧立式，红身，牙爪点涂白彩，朵云、火珠作陪衬，腾跃于云中，身形矫健，趾爪尖利，呼之欲出。底书六字青花篆书残款"大清乾隆年□"。通体纹饰构图饱满规矩，绘画工整精细。胎质细腻洁白，釉面清亮柔和，施彩艳丽，蓝色以釉下青花表现。在细腻光润的白釉衬托下，青花的沉静与诸彩的艳丽相得益彰，一派喜庆富贵的祥和气象。

清乾隆青花五彩龙凤花卉纹碗残片

青花五彩龙凤纹碗始烧于康熙朝，因其纹饰精美，色彩艳丽，寓意吉祥，是御窑大运瓷器的固定品种，历朝都曾烧制，一直延续到清末，造型纹样也基本保持不变。据《国朝宫史》记载，五彩红龙器为内廷"常在"所用。

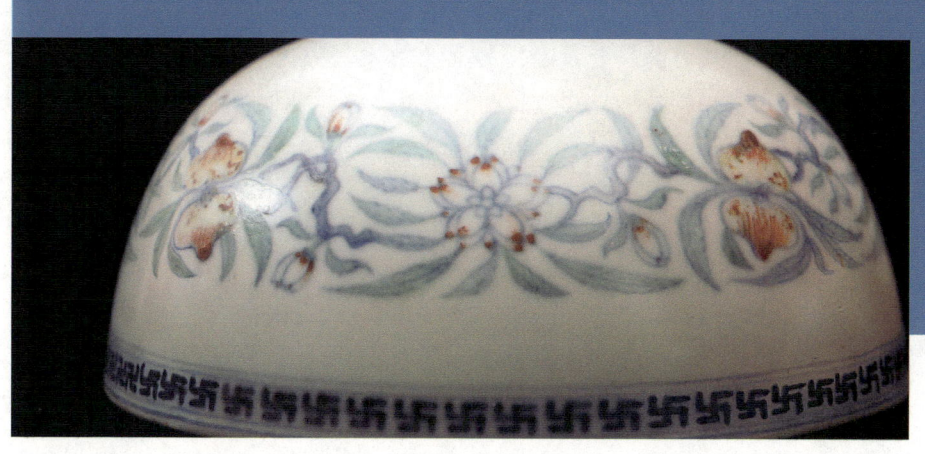

第六章
斗彩瓷

　　斗彩是以青花料在胎上勾画纹饰轮廓，或绘图案局部，经高温烧成后，再以填涂、渲染、覆盖、点缀等技法，施以各色釉上彩料，补齐整个图案，经低温焙烧而成。因纹饰由釉下青花与釉上诸彩拼凑而成，各种色彩争奇斗艳，故称"斗彩"。斗彩创烧于明宣德时期景德镇御窑，盛行于明成化。成化斗彩以其淡雅秀丽的艺术风格被后世奉为极品，历朝都曾着意仿制。康熙斗彩上承成化又有所发展。造型严谨，端庄中透出灵秀。胎体细腻纯净，白度提高，有丝绸光泽。釉面莹润光滑，胎釉结合紧密，如玉石一般。青花稳定清晰，勾线规矩，釉上诸彩艳而不俗，柔和悦目。绘画技法更加精细，以填彩、覆彩、点彩和染彩技法将画意表达得传神生动。色彩种类和纹饰层次比五彩瓷丰富，有的还有金彩装饰，富丽华贵。《饮流斋说瓷》："（斗彩）康雍至精，若人物、若花卉、若鸟兽，均异彩发越，清蒨可爱。"[1] 釉下明艳的青花，透过洁白釉面，与釉上绚丽的彩绘相辉映，画风细腻，清秀典雅。

在明清许多文献中并未出现"斗彩"一词，而把斗彩称作五彩。清雍正、乾隆年间的造办处档案中涉及成化斗彩时称为"成窑五彩"。斗彩也是釉下青花和釉上诸彩相结合的一种彩瓷，广义上属于"青花五彩"。斗彩和青花五彩的区别：斗彩瓷器上，釉下青花在画面中起主导或骨架作用，青花构成整个图案的框架，诸多釉上彩附于釉下青花。而青花五彩的纹饰没有青花轮廓线，釉下青花只作为画面的一种颜色来使用，青花与釉上诸彩色处于同等地位。只是根据纹饰的布局将需用青花表现的部位先画出来。

---

1 许之衡著：《饮流斋说瓷》，载叶喆民译注、刘伟配图《饮流斋说瓷译注》，紫禁城出版社，2005年版，71页。

清康熙斗彩团夔龙纹杯

杯残片内壁施白釉，外壁绘灵活多变的团状夔龙纹。夔龙为三爪，口衔番莲，龙头、龙爪皆写实，自前足之后化作卷起的花枝。夔龙是古代传说中一种奇异的动物，似龙，口衔莲花，有两翼，有前足无后足。夔龙之间绘有上下对应的花草纹。底部圈足施白釉，青花双圈内六字楷书款"大清康熙年制"。纹饰庄重典雅，色彩素雅明丽，为康熙御窑精品。北京故宫博物院收藏有与此残件相同的完整器。

清康熙斗彩团夔龙纹杯残片

清康熙斗彩团夔龙纹杯
（摘自《故宫博物院藏清盛世瓷选粹》）

清康熙斗彩灵芝水仙纹杯

　　此杯残片出土较多,经拼对、修复后基本完整。内壁施白釉,外壁绘水仙伴石纹,构图疏密得当。多簇水仙间立一湖石,石上有三朵红彩灵芝。水仙既有盛开的五瓣花朵,也有含苞待放的花蕾,叶片细长。釉下青花勾线并填色,以淡雅明亮的绿色为主色调,红彩为点缀,画工精致脱俗,给人以小写意画般清幽雅致之感。底部足内有青花双圈六字楷书款"大清康熙年制"。胎薄釉润,色彩柔和,莹白洁净的釉面衬托着素雅的釉上诸彩更显明净。

清康熙斗彩灵芝水仙纹杯修复后完整器

清康熙斗彩龙鹤纹盘

胎体轻薄细腻，釉面莹润，光洁如玉。斗彩为饰，使用点彩、填彩等技法。外壁绘云鹤纹，体态各异的仙鹤展翅飞舞于祥云间。仙鹤均以青花绘出，以红彩点染鹤顶，是典型的"点彩"技法。嘴尖而细，

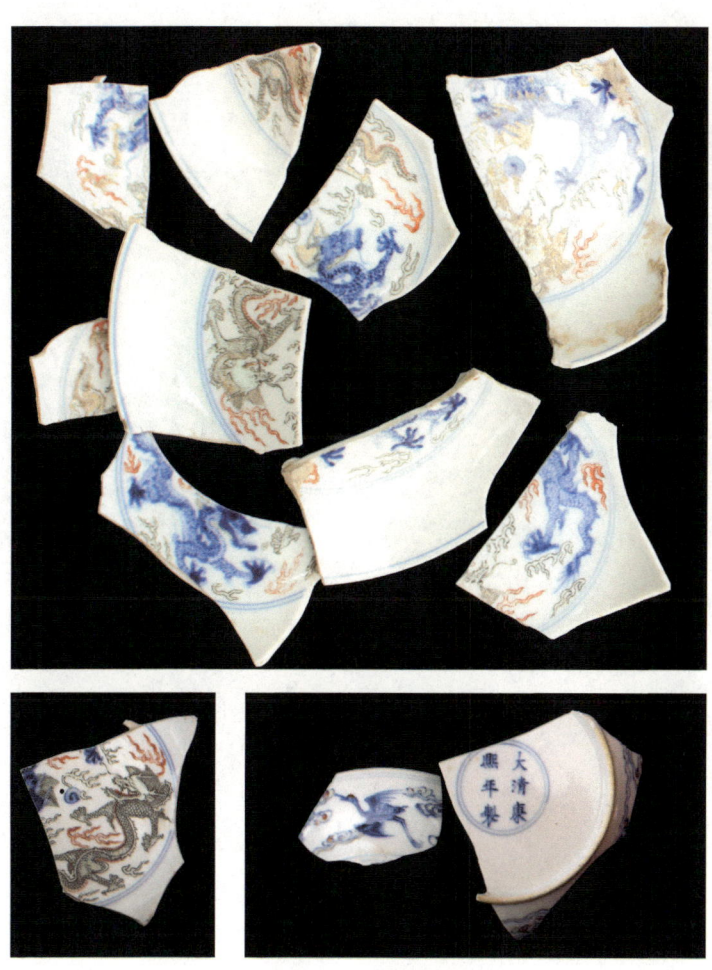

清康熙斗彩龙鹤纹盘残片

羽毛有层次感，鱼鳞状背羽排列有序，尾羽纤毫毕现，腿或曲或伸。仙鹤优雅飘逸，有恬淡闲适，超然尘世之感。祥云似飘带，以青花勾边，填以红、绿、黄三彩。鹤为祥瑞之鸟，古人将其作为祝寿的仙禽。盘心青花双圈内绘二龙戏珠纹，二龙呈升降式，一为青花，一为五彩，青花色泽青翠，诸彩鲜艳。底部圈足施白釉，青花双圈内六字楷书款"大清康熙年制"。北京故宫博物院收藏有与此残件相同的完整器。

清康熙斗彩龙鹤纹盘（摘自《故宫藏清代御窑瓷器》）

清康熙斗彩花蝶纹盘

由残片来看造型小巧，胎薄釉润。盘外壁及内心均绘花蝶纹，疏朗有致，一花一叶皆有章法。各种折枝花卉不规则的排列，姿态各异的彩蝶绕花翩飞，一幅繁花似锦、春意盎然之景。花叶筋脉、蝴蝶的肌理细节描绘相当讲究。蝶须长而弯曲，蝶翅上的花斑纹理清晰可见，灵动逼真，翩然欲出，颇具工笔画的神韵。以釉下青花勾勒轮廓线，笔触纤细流畅，釉上填以红、黄、绿等多种淡雅色彩，搭配清新淡雅。底部圈足内有青花双圈楷书残款"大清□熙年□"。繁花盛开，彩蝶飞舞，为吉庆祥瑞之象。《礼记》："七十曰耄，八十曰耋，百年曰期颐。"以蝴蝶作为吉祥图案，除其色彩斑斓之外，还在于"蝶"与"耄耋"的"耋"谐音，象征长寿。

清康熙斗彩花蝶纹盘残片

清康熙斗彩喜上眉梢纹盘

外壁绘斗彩花鸟图。松枝围成的菱花形开光内绘折枝花卉。绿彩渲染出圆润的松叶,墨彩绘出直挺的松针。转折的梅枝在松间穿插,缀满盛开的梅花和含苞待放的蓓蕾。大朵梅花五瓣,以红彩勾线渲染,小朵圆润。红梅先叶开放吐艳芬芳,历寒雪而暗香愈浓,有水墨画韵味。几只羽翼丰满的喜鹊飞舞其间。盘心以细腻晶莹的白瓷为地,青花勾勒花的轮廓,花分五瓣以浅淡的红色填色渲染,有浓淡深浅的变化,内以极细的青花线条勾点花蕊,花心点金彩,细微处彰显富丽华贵的皇家气派。底部圈足施白釉,青花双圈内六字楷书款"大清康熙年制"。

器型轻盈俊秀,胎釉细润纯净,纹饰精描细画,色彩富丽娇艳。喜鹊俗称报喜鸟,梅与"眉"谐音,在冬春之交开花,独天下而春。喜鹊登梅有喜上眉梢,报喜先春的吉祥寓意。外壁和盘心的纹饰互相呼应,一派春回大地欣欣向荣的景象。

清康熙斗彩喜上眉梢纹盘残片

清康熙斗彩莲花纹盘

　　残片胎体细薄，外壁绘缠枝花纹，枝叶舒展流畅，花形优美，给人以整齐均匀的韵律美。盘心青花双圈内绘把莲纹。对称式布局，一朵饱满的红色莲花居中，莲花的上下左右各有一片翻卷的莲叶，如盖如托。花朵左右各出一枝花苞。花茎如飘带左右陪衬，富于装饰意味。底部圈足内有青花双圈六字楷书款"大清康熙年制"。全部纹饰以青花线条勾勒，填彩规矩，彩釉搭配协调。红花在绿叶的映衬下明丽清逸。莲花"出淤泥而不染，濯清涟而不妖"，具有超凡脱俗的品质，且与"廉"谐音，寓意高洁清廉，不仅得到儒家和佛家的称颂，也深得皇室喜爱。

清康熙斗彩莲花纹盘残片

清康熙斗彩云纹盘

由残片来看器型小巧精致，胎体轻薄，釉面莹白细润。外壁绘多层卷绕的带状祥云，姿态舒展，状如灵芝，又似如意。内心青花双圈内绘祥云和红日。底部圈足内有青花双圈六字楷书款"大清康熙年制"。以云纹为主题纹饰，云脚飘逸洒脱，布局疏密有致。以明快利落的青花线条勾勒轮廓，内填红、绿、黄等色，填色严谨规矩。润如凝脂的质地及淡雅的色调，给人清雅秀逸之感。

清康熙斗彩云纹盘残片

清康熙斗彩雉鸡牡丹纹碗

残片内壁光素，外壁以斗彩绘花鸟图。一面绘两雉鸡昂首栖于山石之上，尾巴一垂一翘，羽毛华丽，神态昂扬。山石错落有致，周围衬以牡丹、玉兰等鹅黄、浅绿、红色、褐色等各种花草。另一面绘两只圆腹短颈的雀鸟上下翻飞于花间，极具动感。圈足白釉青花双圈内六字楷书款"大清康熙年制"。

清康熙斗彩雉鸡牡丹纹碗残片

此碗独具匠心,以釉下青花、釉里红与红、黄、绿等多种釉上彩相结合,是康熙斗彩的创举。雀鸟的腹部、雉鸡的冠、腹、尾以及梅花用釉里红代替釉上红彩。釉里红烧成难度很高,此碗釉里红发色纯正,反映了当时制瓷技艺的高超。雉鸡、山石、花叶、雀鸟的主体部分均以青花描绘。花叶的正反、老嫩,均用深浅不同的青花来表现。山石以青花精细皴染,苍劲有骨,极富质感。采用分水法表现阴阳向背。花卉均在青花线内填以红、黄、赭、绿等色彩。既有柔和淡雅的色调又有艳丽纷繁的色彩,虽然釉上彩多有剥落,但青花和釉里红纹饰依然清晰明艳。整个画面构思巧妙,画法近似工笔,色彩明丽,渲染逼真,达到花鸟传神的意境。画面上盛开的牡丹雍容华贵,统领群芳,有五德的祥禽雉鸡羽色美丽。表现了姹紫嫣红,鸟语花香的春天景象,又具有玉堂富贵、喜报春来的吉祥寓意。北京故宫博物院收藏有与此残件相同的完整器。

清康熙斗彩雉鸡牡丹纹碗(摘自《故宫博物院藏文物珍品大系:五彩斗彩》)

清康熙斗彩鸳鸯卧莲纹碗

残片外壁绘莲塘鸳鸯纹,近底足处绘青花变形莲瓣纹一周。内底绘与外壁相配的莲荷鸳鸯。红莲碧叶一丛一朵,挺拔清丽,叶脉清晰的碧荷,衬托盛放的红莲,点缀以慈菇、浮萍。羽色鲜艳的雄鸳鸯头后有红色羽冠,雌鸳鸯羽色苍褐。外壁所绘鸳鸯前后相望,首尾相随,内壁所绘鸳鸯两两相对,含情脉脉,悠游于碧波之中。一派水光接天的盛夏莲池美景,充满柔情。底部足内有青花双圈六字楷书款"大清康熙年制"。

清康熙斗彩鸳鸯卧莲纹碗残片

鸳鸯古称"匹鸟",雌雄成双,飞则同振翅,游则同戏水,栖则连翼交颈而眠,形影不离,终身成对。古人常以鸳鸯象征人间夫妻恩爱,白头偕老。通体由青花、红、绿、黄等彩绘制,色彩鲜艳。仿明成化斗彩鸳鸯卧莲纹碗烧制,但施彩严谨规矩具有康熙本朝特征。

明成化斗彩鸳鸯卧莲纹碗(摘自《明代成化御窑瓷器》)

清康熙斗彩福寿纹盖碗

残片内壁白釉光素无纹。外壁近口沿处绘贯套垂璎珞纹，下以贯套如意状花叶托起寿桃。桃实勾线填色并有青花点饰，黄里透红，色彩逼真。贯套之间绘红蝠头顶"卍"字，象征"万寿洪福"。桃蝠纹寓意"福寿双全"。底部圈足白釉内青花双圈六字楷书款"大清康熙年制"。

器盖残片与碗的残片可上下结合紧密，据此推测为一套。碗盖纹饰相比碗身更为繁复，饰缠枝花卉纹、卷枝朵花纹、几何线朵花纹。造型典雅端庄，胎釉质量精良，色泽清秀明快，画工严谨，纹饰规矩，具有图案画的装饰效果和浓郁的吉祥寓意。

清康熙斗彩福寿纹盖碗残片

清康熙斗彩折枝莲托八吉祥纹碗

外壁主体纹饰为斗彩折枝莲托结带八吉祥纹，近底处绘一周莲瓣纹。内心为填红彩的灵芝纹，灵芝扁圆肥润，四出花叶，叶蔓卷曲婀娜。底部圈足白釉内青花双圈六字楷书款"大清康熙年制"。绘画细腻精致，尤其是八吉祥纹：莲花写实，勾描精湛；双鱼相对，鳞、鳍、鳃、目俱齐；螺，点染皴擦质感很强；结，穿插有序，流畅自然。仅一条飘拂的结带分为上下两层，填以红、绿两色，转折及反侧极为清晰。胎体缜密细腻，釉面光亮莹润。构图饱满，青花不局限于勾线，同时也用于设色，内填以红、黄、绿等彩，清丽夺目，艳而不俗，具有富丽华贵的皇家风格。纹饰仿明万历斗彩折枝莲托八吉祥纹碗，色彩和纹饰细部具有康熙本朝特征。

 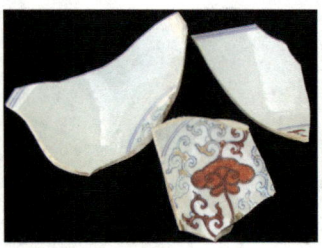 

清康熙斗彩折枝莲托八吉祥纹碗残片

 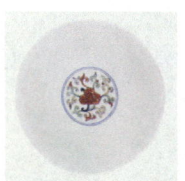

明万历斗彩折枝莲托八吉祥纹碗（摘自《明代成化御窑瓷器》）

清康熙斗彩莲托梵文碗

　　内壁素白无纹饰，外壁以斗彩绘莲托梵文图案。纹饰轮廓以浅淡的青花勾描，内填红、绿彩。莲花形如佛教中的莲座。佛教认为莲花洁净吉祥，诸佛于莲花座上结跏趺坐。莲花上托梵文，梵文字以浓重的青花书写，转折顿挫有中国传统书法的韵味。每组莲托梵文之间以缠枝叶蔓纹相隔。底部圈足白釉内青花双圈六字楷书款"大清康熙年制"。梵文内容多为佛经、咒语，佛教徒认为使用以梵文装饰的器物，可得到佛的保佑，原本的宗教色彩逐渐为人所忽略，演变为一种图案化的吉祥纹饰。胎质缜密，釉面光润，填彩准确。釉下紧贴胎体的青花，透过洁白的釉面，与釉上柔和的彩绘相互衬托，给人一种优雅又华贵，明快又朦胧的美感。

清康熙斗彩莲托梵文碗残片

清康熙斗彩万字桃实纹碗

内心以团花状折枝桃围绕"卍"字。外壁口沿饰一周青花"卍"字纹。腹部为横带式串枝桃纹,枝蔓缠绕,桃花朵朵,桃实丰硕饱满,一正一反排列,周围绿叶陪衬,组成整齐匀称的二方连续图案。足墙饰一周青花卷草纹。底部圈足白釉内青花双圈六字楷书款"大清康熙年制"。

胎体细白致密,釉质莹润均匀。釉上釉下各种彩色在底釉的衬托下清澈悦目。用青花勾绘纹饰的轮廓,花朵内填黄彩,花瓣尖点红,花叶内填绿彩,桃枝以青花绘画,桃实尖部呈红色,中部呈黄色,浓淡过渡自然逼真。构图疏密有致,桃花盛开,桃实丰盈,花瓣、果实以红黄二色晕染,色彩浓淡有致。坚挺的枝干,嫩绿的桃叶,含苞的花蕾,怒放的花朵以及累累桃实,使画面生机盎然。桃花明艳妩媚成为春花的代表。桃实有"仙桃""寿桃"之称,传说西王母瑶池所植蟠桃是具有长寿功效的仙果,故世人常以桃祝人寿诞。残片出土较多,经拼对、修复后基本完整。

清康熙斗彩万字桃实纹碗残片

清康熙斗彩万字桃实纹碗修复后完整器

下篇 残瓷之美

清康熙斗彩团菊纹碗

外壁绘斗彩团菊纹。四朵椭圆形的菊花和变形的花叶组成活泼的团花图案,菊花呈扁圆形,单层菊瓣。团花之间隔以上下对称的折枝海棠。内底为形如灵芝的团花祥云纹,色彩丰富。圈足内有青花双圈六字楷书款"大清康熙年制"。胎釉洁白莹润,青花勾轮廓线,釉上填红、绿、黄彩,色彩深沉,是典型的康熙色调。此器为仿明成化斗彩团菊纹碗烧制。

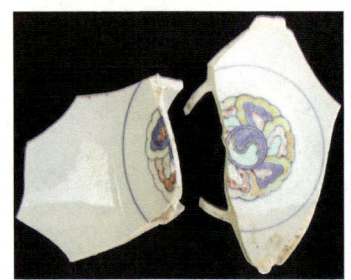 

清康熙斗彩团菊纹碗残片

明成化斗彩团菊纹碗(摘自《明代成化御窑瓷器》)

清康熙斗彩缠枝莲纹碗

　　胎质白细，釉色莹亮，温润似玉。外壁绘缠枝莲纹，缠绕的枝蔓舒展飘逸，颇具动感，花朵饱满优美，叶片尖且卷曲细长。近底处饰变形莲瓣纹一周。碗心绘一折枝莲花，花朵居中，花叶四周环绕。圈足内有青花双圈六字楷书款"大清康熙年制"。青花淡雅，釉上彩艳丽和谐。以青花勾纹饰轮廓，叶片内填绿彩，花瓣内渲染红彩，花心以黄彩点染，勾线填色极为规矩。

清康熙斗彩缠枝莲纹碗残片

清乾隆豆青釉地开光粉彩山水纹海棠式瓶

此残片以青釉为地，暗刻流云蝙蝠纹，开光边线施金彩，开光内粉彩绘山水纹，并以不同书体题写诗句。残存诗句为楷书"两行烟柳"和隶书"金籁""绛霞"及红彩绘"宸瀚"方印。器物的耳部已残缺，局部也可见金彩。此瓷片虽大部分残缺，不能确定器型，但从釉彩、纹饰的精细程度以及其上的"宸瀚"方印可确定为清代御窑器物。

对照釉彩、主要纹饰和所题诗句，此残片与中国国家博物馆藏清乾隆豆青釉地开光粉彩山水纹海棠式瓶基本相同。此瓶造型端庄古朴，釉彩清新秀逸，融诗、书、画于一体。外底青花书"大清乾隆年制"六字三行篆书款。"通体呈海棠式，颈部饰对称象耳，圆鼓腹略下垂，圈足外撇。象耳，开光边线施金彩，开光外施以青釉，腹部暗刻云蝠纹。腹部前后左右四个海棠形开光内粉彩绘春、夏、秋、冬四季山水，并以楷、行、隶、篆四体书乾隆皇子时期的御制诗句。诗意与画意对应，春景：楷书"两行烟柳春光媚，几顷澄波绿意深"[1]；夏景：行书"颤雨芦梢才卧起，笑风莲萼乍开齐"[2]；秋景：隶书"半夜飘金籁，千林蔚绛霞"[3]；冬景：篆书"平池铺玉镜，晴雪晃金钱"[4]。诗句后均红彩绘"乾隆"、"宸瀚"两方印。四诗句皆收录于乾隆《乐善堂全集》。乐善堂是乾隆帝皇子时期的堂名，共有两处，分别位于圆明园桃花坞和紫禁城重华宫的潜邸之内。《乐善堂全集》所选诗文的多为乾隆帝为皇子时期所作。

---

1 （清）弘历著：《帝京杂咏》，载《乐善堂全集》卷三十六，海南出版社，2000年版，463页。
2 （清）弘历著：《雨后池塘闲步》，载《乐善堂全集》卷三十七，海南出版社，2000年版，481页。
3 （清）弘历著：《看西廊红叶》，载《乐善堂全集》卷三十八，海南出版社，2000年版，495页。
4 （清）弘历著：《冬至后一日同二十四叔父五弟游西苑试射》，载《乐善堂全集》卷三十六，海南出版社，2000年版，465页。

清乾隆豆青釉地开光粉彩山水纹海棠式瓶残片　　清乾隆豆青釉地开光粉彩山水纹海棠式瓶（现藏中国国家博物馆）

　　《活计档》记载："乾隆十七年十月十六日，员外郎白世秀、达子来说，总管王常贵交御制诗四套，传旨：着赏唐英，嗣后烧造瓷器应用诗之处即用此诗拣选烧造，不必用乐善堂诗文，钦此。"[1] 由此可知，乾隆十七年之后景德镇御窑厂所烧的瓷器上已不再用乐善堂诗文而改用乾隆御制诗。在乾隆十七年之前的《活计档》中找到一条记载："乾隆十二年十一月二十六日，司库白世秀来说，总管刘沧州交洋彩冬青地四团山水象耳海棠罇一对、洋彩万福洋花蝉纹罇一对。传着在圆明园陈设，交司房按节摆。"[2] 对照器型、纹饰、釉色，此件器物在清宫的

[1] 中国第一历史档案馆、香港中文大学文物馆编：《清宫内务府造办处档案总汇》卷十八，人民出版社，2005年版，569页。
[2] 中国第一历史档案馆、香港中文大学文物馆编：《清宫内务府造办处档案总汇》卷十五，人民出版社，2005年版，85页。

名称应为"洋彩冬青地四团山水象耳海棠罇"。洋彩是摹仿西洋绘画技法描绘的珐琅彩瓷，民国后称为粉彩。在清宫档案中，未有粉彩的名称，常见有瓷胎洋彩和瓷胎画珐琅，均采用珐琅彩料，但产地、绘画、纹饰及款识均有区别。例如乾隆以自己的御制诗，多为《乐善堂全集》的作品装饰在洋彩上，并将代表自己身份的"乾隆"或"乾隆辰瀚""惟精惟一等印玺，巧妙融入画中，而画珐琅器引用的是隋唐以来的诗文"[1]。清代瓷胎洋彩近现代称为粉彩，而瓷胎画珐琅称为珐琅彩。

---

1 廖宝秀著：《华丽彩瓷乾隆洋彩》，台北故宫博物院，2015年版，16页。

第七章
粉彩瓷

粉彩创于康熙年间，雍正、乾隆朝盛行，是康熙晚期在烧造五彩瓷器的基础上，受珐琅彩工艺的影响，由景德镇制瓷工匠创烧的釉上彩瓷新品种。因粉彩瓷器的彩烧温度比五彩瓷器低，色彩以柔和细腻见长，故又名"软彩"。在彩料中掺入一种俗称"玻璃白"的不透明乳白色粉末，在白釉瓷器上用这种彩料进行描绘，经二次烧制而成。粉彩器图案粉润柔和，细致入微，善于表现所绘形象的质感，有明暗、深浅、阴阳、向背之分，具有国画的渲染效果。《饮流斋说瓷》记："软彩又名粉彩，谓彩色稍淡，有粉匀之也，硬彩华贵而深凝，粉彩艳丽而清逸。"[1]

---

[1] 许之衡著：《饮流斋说瓷》，载叶喆民译注、刘伟配图《饮流斋说瓷译注》，紫禁城出版社，2005年版，60页。

康熙粉彩处于初创期，风格简朴。雍正粉彩以柔丽淡雅而名重一时。乾隆粉彩浓艳明丽，纹饰繁缛，多为色地粉彩，尽显皇家奢靡之风。雍正、乾隆御窑厂的一项绝技是利用粉彩的质感和不同的色泽层次，以瓷仿造漆器、木器、铜器、石器等其他材质的珍玩或模仿各种动植物。《匋说》云："戗金、镂银、琢石、髹漆、螺钿、竹木、匏蠡诸作，无不以陶为之，仿效而肖。"[1]这些奇巧之作与真品实物对比，其形态、色泽、质感均酷似实物，惟妙惟肖，甚至有时凭肉眼难辨真假，显示出御窑厂陶工高超精湛的配釉及烧造技术。据《造办处活计档》记载乾隆御窑于乾隆九年（1744）烧造瓷鹅和瓷犬；乾隆十年（1745）烧瓷鸭、鹿和鹤；乾隆二十四年（1759）烧鸡形熏，乾隆三十年（1765）烧制洋彩瓷象。圆明园中也曾陈设过瓷犬、瓷鹤、瓷鹿（万方安和西响水石山）、瓷鸡（蓬岛瑶台）、瓷狮子（慎修思永披襟楼地平上）[2]等仿生瓷。乾隆三十一年六月二十六日，因拆堆万方安和西边响水石山，移挪原设瓷鹿二只，将南边瓷鹿失落，伤损鹿腿三只。不仅将负责此事的苑副福昇罚俸三个月，还将伤损的瓷鹿交造办处接补安设。[3]瓷鹿已损伤三腿，并没有丢弃，令御窑厂重烧，而是命造办处进行修复。到了同治十三年四月，内廷交画样命景德镇御窑厂烧制瓷鹤和瓷鹿，"连烧数对，歪斜曲折，眉目不清。一经窑火烧炼，遂致倾侧团缩"，"将颈、足与身分段拆烧，而接合又不能泯无痕迹"[4]。经过多次尝试也未成功，可见此类瓷器烧造不易。今北京故宫博物院还存有同治时期烧制

---

1 （清）朱琰撰：《匋说》，载熊寥、熊微编著《中国陶瓷古籍集成》，上海文化出版社，2006年版，322页。
2 中国第一历史档案馆编：《圆明园》下册，上海古籍出版社，1991年版，1480页。
3 中国第一历史档案馆编：《圆明园》上册，上海古籍出版社，1991年版，110页。
4 《九江关监督承办新样瓷器恳请展限片》，载熊寥、熊微编著《中国陶瓷古籍集成》，上海文化出版社，2006年版，132页。

瓷鹿的画样。清代御窑厂的烧造技艺以乾隆时期最为精湛，到清末已经相当衰落。圆明园出土的粉彩瓷器均为乾隆时期器物。

清乾隆粉彩描金法轮

藏传佛教八吉祥经常以图案的形式出现在明清瓷器上。乾隆朝开始烧制立体造型的单体瓷质八吉祥,作为佛堂内的供器。八吉祥一般成组出现,其中的法轮也可单独供奉。法轮是古印度的一种武器,也是藏传佛教密宗的法器。藏传佛教供奉法轮,意在象征佛法不灭,又借轮喻法,佛法的传播如法轮般旋转不息,无坚不摧。

清宫造办处制作的铜鎏金大法轮,上面满嵌各种宝石,瓷法轮完全仿其形制。粉彩描金法轮残片为双面对称的镂空雕塑。中心轮轴的造型为宝相花,以镂空的菱形轮辐与轮壁相连,轮壁饰有凸起的云纹、卷草纹,轮壁的边缘缀饰以细小的联珠纹。为了彰显法轮的神圣寓意,通体施金彩,仿铜鎏金效果,纹饰也仿佛是锤揲而成,颇有神韵。还以色彩丰富的彩料仿制出红宝石、蓝宝石、绿松石的镶嵌效果。金碧辉煌,装饰华丽,质感逼真,难辨真假。南京博物院收藏有与此残件相同的完整器。

清乾隆粉彩描金法轮残片

清乾隆粉彩描金瓷法轮
(现藏南京博物院)

清乾隆仿朱漆菊瓣式盘

明清时期漆器品种丰富，技法多样。脱胎漆器轻薄如纸，显示了髹漆工艺的绝妙。做法是先以帛、纸、胶泥等造型，其上涂漆到一定厚度，然后脱下，再磨光修整。乾隆时景德镇御窑厂仿漆釉制品中，有仿脱胎朱漆、雕漆、黑漆描金、嵌螺钿漆器等品种，特点是"骤视绝不类瓷，细辨始知皆釉质变化神奇之至也"[1]，体现出炉火纯青的制瓷技艺。跨材质的仿烧在于重现被仿对象的质感、颜色。其中仿朱漆釉瓷器常见的造型有菊瓣式盖碗和菊瓣式盘。制法是以极似朱漆色质的釉涂于高温烧成的胎上，再经低温二次烧成。

圆明园含经堂曾同时出土过两件相同的乾隆仿朱漆菊瓣式盘。一件较完整，现藏北京市文物研究所，一件残缺较多，现藏圆明园。盘呈圆形，圈足，盘壁细菊瓣分布均匀，排列规整，宛如盛开的菊花。内、外壁及盘心釉色仿朱漆，光亮红润，色如珊瑚。盘心以金彩隶书乾隆甲午（乾隆三十九年）咏脱胎漆器七言律诗一首：

> 吴下髹工巧莫比，仿为或以旧还过。
> 脱胎哪用木和锡，成器奚劳琢与磨。
> 博士品同谢青喻，仙人颜侣晕朱酡。
> 事宜师古窑斯谓，拟款摛吟愧即多。
>   乾隆甲午御题

下钤"乾"字圆印和"隆"字篆书方印。盘外底施黑釉，模仿脱

---

[1] 赵汝珍编：《古玩指南》，载李科友、吴水存点校整理《古瓷鉴定指南》二编，北京燕山出版社，1993年版，119页。

 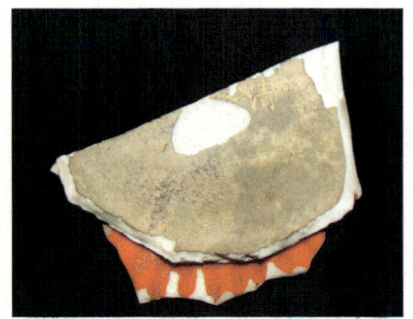

清乾隆仿朱漆菊瓣式盘残片

清乾隆仿朱漆菊瓣式盘（摘自《圆明园长春园含经堂遗址发掘报告》）

胎朱漆菊瓣盘底髹黑漆的效果，现大部分呈深褐色。一盘底为金彩书三竖行"大清乾隆仿古"六字楷书款。一盘底仅存金彩楷书"清"字残款。造型和釉色与乾隆时期的脱胎朱漆菊瓣盘相比，几能乱真。显示了乾隆瓷炉火纯青，出神入化的境界。承德避暑山庄博物馆收藏有与此残件相同的完整器。

有趣的是据档案记载，含经堂淳化轩内还曾摆放过由苏州制造的红漆菊瓣碟和红漆菊瓣盖钟。漆器与瓷器，实物与仿品相映成趣。

清乾隆仿朱漆菊瓣式盘（现藏承德避暑山庄博物馆）

乾隆四十年三月三十日，太监胡世杰交刻诗红漆菊瓣碟一件，上刻大清乾隆仿古，淳化轩换下。交苏州织造舒文照样成做六件。其碟内诗并大清乾隆仿古款亦照样刻做，送到时交乾清宫。钦此。[1]

乾隆四十年十二月初七日，太监如意交红漆菊瓣盖钟一对，随紫檀木盘一件，系苏州新送到。传旨：紫檀木盘内配托脐二个，将盖钟安稳，交淳化轩案下摆。钦此。[2]

---

[1] 中国第一历史档案馆、香港中文大学文物馆编：《清宫内务府造办处档案总汇》，三十八册，人民出版社，2005年版，641页。
[2] 中国第一历史档案馆、香港中文大学文物馆编：《清宫内务府造办处档案总汇》，三十八册，人民出版社，2005年版，594页。

结 语

瓷器不仅装饰性和实用性俱佳，更吸引人的是每件作品背后的文化因素。丰富多元的造型、釉色和纹饰是帝王、监造者、工匠和使用者共同塑造的时代风格的反映。盛时圆明园中的瓷器要比其他质地的器物更为丰富，供皇室御用赏玩。无论是陈设品还是日用器的等级和数量，可与内廷紫禁城媲美。由档案记载和这些出土的瓷器残片就可见一斑。

这些残片经历了大清盛世歌舞升平的繁华，皇室岁月静好的闲适，也见证了咸丰十年英法联军如同魔鬼般的抢劫、焚毁圆明园的暴行，咸丰放弃御园，仓皇出逃的无奈与凄凉。它们因某种原因被打碎，成为大大小小的残片，沉睡于遗址中，直到被考古人员发现，才重见天日。如同一位伤痕累累的病人，只有遇到妙手回春的医生才能起死回生。这些支离破碎的瓷片，被送到修复室，通过"文物医生"修复师们科学、细致的工作，经历了除尘清洗、预拼接、拼对粘接、补配、作色、制作修复档案等一系列的修复过程。它们在修复师的手中重生，再度鲜活起来，犹如久病初愈的美人，恢复光彩，以一种健康的状态，重现历史原貌，让人惊艳不已。从完整到残缺再到完整，历史沉淀在它身上的痕迹，向每一位观者倾诉着那段兴衰荣辱的岁月。

附录
瓷砖和瓷镶嵌件

　　瓷砖和瓷镶嵌件既可赏玩、装饰又具有实用性。瓷砖用于装饰居室地面。瓷镶嵌件或是大件瓷板的一部分，嵌于挂屏、插屏的框架之内或镶嵌家具以及内檐装饰的隔扇、槛窗之用。瓷砖和瓷镶嵌件比普通瓷器的烧造难度大，烧制过程中稍有不慎就会断裂。最早的瓷板是隋唐时期的墓志。明宣德时景德镇御窑厂开始烧制建筑内部用的瓷砖，嘉靖、万历时期出现镶嵌瓷板。清代中期皇室生活日趋奢靡，宫苑内的建筑内檐装修和家具多采用镶嵌技术装饰。镶嵌的材料有玉石、螺钿、珐琅、陶瓷等。

　　盛时圆明园的建筑不仅外观独具匠心，而且内部装饰也十分奢华，可谓是"金窗绣户"，即便是地面这样的细节也追求完美。地面不仅铺有质地优良的金砖，还根据不同的建筑铺有不同釉色的瓷地砖。据"道光四年五月穆彰阿等奏遵旨查库折清单"所记，当时圆明园库藏有"绿地洋彩紫葵花瓷砖十五块，青花五彩瓜蝶瓷砖十七块，青花瓷砖八寸至一尺，并半块、三角，共二百五十三块"[1]。由此可知当时圆明园瓷砖彩釉、纹饰丰富，尺寸、形状多样。瓷砖在景德镇御窑厂的烧制品类中俗称为"镶器"，能保证瓷砖面平整，烧造过程中不变形、不炸裂，十分不易。虽然瓷地砖既美观，又具有防潮保暖的实用性，但因烧造难度大，造价高等因素，或者由于主体建筑的损毁，目前在清代皇家宫苑中保存下来的很少，也更为珍贵。建筑和镶嵌的主体部分因各种原因早已损毁，而这些地面上铺的瓷砖和镶嵌其上的瓷板依旧光鲜如初。

因此部分内容无法与前文合并归纳，但瓷砖和瓷镶嵌件又是圆明园出土文物中不可或缺的一部分。笔者特以"附录"形式附在文中，以飨读者。

---

[1] 中国第一历史档案馆编：《圆明园》上册，上海古籍出版社，1991年版，496页。

清青花八吉祥纹瓷砖

青花瓷砖形如方盒，内部中空，以数道瓷条支撑。正面白釉饰青花，侧面和背面涩胎无釉。正面中心为四只蝙蝠围绕一个"卍"字，外围为一周如意云纹，寓意"万福如意"。四边绘结带八吉祥纹。出土于乾隆朝兴建的长春园思永斋遗址。思永斋是一座小巧精致，仿杭州汪氏小有天园而建的园中之园。此地砖与紫禁城养心殿三希堂和建福宫碧琳馆内乾隆二十八年（1763）铺墁的瓷地砖相同。

青花八吉祥纹瓷砖出土情况

清青花八吉祥纹瓷砖修复后完整器正面和背面

紫禁城养心殿内景（摘自《金窗绣户：清代皇宫内檐装修研究》）

清粉彩花卉纹瓷地砖

粉彩花卉纹瓷砖出土有两种，形制相同，均为扁方盒形，内以数道瓷条支撑，侧面有圆孔。瓷面平整，修胎规矩，背面和侧面均涩胎无釉。乾隆时期原料淘洗非常细腻，胎质致密坚硬，在一定程度上增加了瓷砖的坚固、稳定性。出土时瓷砖正面多残缺，根据残存部分可知，一种瓷砖以浅蓝色釉为地，以红色、黄色、粉色等多种色彩绘菊花等折枝花纹，具有乾隆色地粉彩富丽华美的特点。另一种瓷砖也以浅蓝色釉为地，四周以多种色彩绘缠枝花卉，中心绘圆形彩色纹饰。纹样受西洋装饰及绘画技法影响，叶尖均染白边，白料点染光影亮点，如西洋绘画的光影明暗技法，表现物体受光及立体现象。

故宫博物院现藏有一幅清工部样式房制"墨绘纸本瓷砖画样草图"。此图与出土缠枝花瓷砖对照，不仅纹饰相同，而且画样上标注的颜色，正是瓷砖上烧制的颜色，可见此图是瓷砖烧造的图样。颐和园管理处收藏有两件与圆明园出土的粉彩花卉纹瓷地砖相同的器物。无论是缠枝花卉还是折枝花卉，瓷砖上鲜花怒放各尽其妍，遥想当年人行其上有花团锦簇，步步生莲之感。

1925年诗人徐志摩为清朝末代皇帝被逐出皇宫所写的《残诗》，集中笔墨描述了清室被逐后宫殿的凄冷破败的景象。"关着；锁上；赶明儿瓷花砖上堆灰。别瞧这白石台阶光滑，赶明儿，唉，石缝里长草，石板上青青的全是霉。"可见瓷花砖、白石台阶成为宫殿建筑的象征。

圆明园寻瓷

清粉彩缠枝花纹瓷地砖出土情况

下篇 残瓷之美

清粉彩折枝花瓷地砖残件

清粉彩缠枝花瓷地砖（现藏北京颐和园管理处）

墨绘纸本瓷砖画样草图 清工部样式房制（摘自《故宫博物院藏品大系善本特藏编13样式房图档》）

清粉青釉描金福寿纹镶嵌件

镶嵌件长条形,正面饰粉青釉,图案描金,制作精细,寓意吉祥。纹饰为对称式布局,两端各有一对展翅的蝙蝠,合抱中间开光内的一对寿桃,寿桃中间围一个"卍"。背面平整,不挂釉做出麻面,两端各有一个用以固定的穿鼻。为建筑内檐装修槛窗、隔扇或家具上的嵌饰。

乾隆时期把多种名贵材料和各种工艺运用到内檐装饰和家具制作中。在紫檀、楠木等硬木上镶嵌玉石、螺钿、瓷片、珐琅或青金、玛瑙等各色宝石。为了达到更好的效果,皇帝常命两淮盐政的官员承办,扬州工匠制作宫殿的内檐装修。两淮盐政管辖淮北、淮南盐务,所在地扬州是"周制之法"的发源地,也是清宫造办处在京外的重要分支机构之一。"周制之法"是一种百宝嵌工艺,常用于家具、内檐装饰,充分发挥不同镶嵌材料天然质地、色彩等特性,既彰显了各自的特质之美,又通过巧妙组合,呈现色彩纷呈的华丽之美。乾隆三十五年(1770)两淮盐政的官员李质颖曾按宫中的画样、烫样承办紫禁城景福宫、符望阁、萃赏楼、延趣楼、倦勤斋等五处的内檐装修工程。据清吴振棫《养吉斋丛录》载:"嘉庆十九年,圆明园构竹园一所。两淮盐政承办紫檀装修二百余件,有榴开百子、万代长春、芝仙祝寿花样。嘉庆二十二年园中接秀山房落成,两淮盐政承办紫檀窗棂二百余扇,其窗皆高九尺二寸;多宝架三座,高九尺二寸;地罩三座,高一丈二尺。有万寿长春、九秋同庆、福增贵子、寿献兰孙花样,俱用周制。"[1]文中的"竹园"指绮春园澄心堂。"接秀山房"是圆明园四十景之一。

此件瓷镶嵌件出土地点是长春园含经堂。紫禁城宁寿宫和长春园含经堂都是乾隆为归政后修建的内廷和御园的养老之所。两座建筑群

---
[1] (清)吴振棫撰:《养吉斋丛录》卷十八,中华书局,2005年版,232页。

清粉青釉描金福寿纹镶嵌件

清紫檀雕回纹嵌瓷片夹纱槛窗（现藏北京故宫博物院）

中的很多宫殿，在建筑形制、室内空间和装修以及室外环境等方面均十分相似。例如宁寿宫乐寿堂是仿长春园淳化轩而建，宁寿宫三友轩以淳化轩三友轩为母本。在含经堂的考古发掘中还出了玉竹、玉松枝、玉鹤、玉葡萄等镶嵌件和多种螺钿镶嵌件。如今虽然圆明园内檐装修的实物已不存，但紫禁城中符望阁、倦勤斋等处，用料考究，嵌玉镶金，雕镂精细，集漆、竹、玉、螺钿、珐琅、瓷、织绣、书画等各种工艺为一体的内檐装修仍完好。通过时代相同，且同为两淮盐政扬州制作的渊源关系，可推想昔日圆明园中的内檐装修必然同样华贵不失文雅，富丽却不显奢靡。紫檀雕回纹嵌瓷片夹纱槛窗位于宁寿宫延趣楼一层，隔心以粉彩瓷片嵌成"攒盘"式图样，四周点缀以长方形斗彩瓷片。含经堂出土的粉青釉描金福寿纹镶嵌件与此槛窗上镶嵌的瓷片形制极为相似，虽然它附着的硬木边框以及其他的镶嵌物已不存，也无法了解组合拼凑的完整图案，但描金的釉彩，细致的纹饰，仍可见它昔日的风采。

清青花山水纹瓷板

　　板式造型，背面涩胎无釉。正面青花绘山水、房屋、板桥。远山飘渺朦胧，近处小桥流水。以水面为中心，板桥连接两岸。水以留白的方式表现，仅以几曲水波体现河水徐缓流淌。将意境深远的山水图景浓缩在盈寸之中。胎质细腻，釉面洁白。青花淡雅，浓淡相宜，画面层次鲜明，山水景物立体感强，犹如一幅意境清远的水墨画。

清青花山水纹瓷板残件

清白釉诗文瓷板

板式造型，背面涩胎，胎体较厚。正面白釉细润纯净，以文字做装饰，原为一篇诗文，现大部分残缺。书写规范，行文整齐，隶书字体端庄秀逸如行云流水，有传统纸上书法的气韵。

清白釉诗文瓷板残件

清博古纹瓷板

瓷板残件正面平整，背面涩胎。正面绘桌案上近处摆放青灰色的哥窑瓶，开片清雅高古。瓶中插一朵盛放的牡丹，花形饱满，花瓣层层绽放。细线勾描叶脉，以深绿、浅绿表现叶子的老、嫩。花容娇娆，色彩艳丽脱俗。远处有一红釉盒和内插三戟的瓷瓶。纹饰寓意花开富贵，瓶（平）升三级。凡鼎、尊、彝、瓷瓶、玉件、书画、盆景等被用作装饰题材时均称为博古。由《宣和博古图》一书得名。此书由宋徽宗敕撰，王黼编撰，始编于北宋大观初年（1107），成书于宣和五年（1123）之后。书中著录了当时在宣和殿所藏商至唐代各种青铜器，集宋代所藏青铜器之大成。古代瓷器上的博古图流行于明清，具有高洁清雅的艺术品味。

清博古纹瓷板残件

清粉彩西洋式瓷板

清朝随着各国传教士来华,中西文化交流增多。造办处内有许多来自欧洲且有较高才艺的传教士,参与宫廷艺术品的设计、制作,将西方艺术引入中国,促进了东西方艺术的融合。清帝对西洋的新奇器物颇有兴趣。乾隆追求西洋情趣,更是达到登峰造极的程度。他在长春园中修建了西洋楼景群。西洋楼主体建筑以意大利巴洛克和法国洛可可风格为主导。为配合建筑的外观,据档案记载,西洋楼内部的装潢陈设,大到匾额、家具,小到蜡烛、荷包,均为西洋式的。有的是外国使臣和传教士进贡,有的是粤海关监督、两广总督、广东巡抚等官员购买作为贡品进献,有的是乾隆下旨派皇商到海外采购、定做的,有的是由西洋传教士在宫中造办处制作的。

清粉彩西洋式瓷板残件

这几件西洋式瓷板残件出土于西洋楼,为墙壁或家具上的嵌饰。西方巴洛克和洛可可艺术的元素与乾隆追求华丽繁缛的装饰品味相合,因此乾隆颇为推崇这种西洋装饰效果,御窑瓷器在传统中融合了西方巴洛克和洛可可艺术的元素。瓷板以金彩描绘具有西洋风格的涡卷曲线,表现花草蔓藤,色彩华丽,具有浓郁的异国情调。

参考文献

文字参考图书

（清）陈康祺撰：《郎潜纪闻初笔》，中华书局，2008年版。

（清）鄂尔泰、张廷玉等编著：《国朝宫史》，北京古籍出版社，2001年版。

（清）弘历著，故宫博物院编：《清高宗御制诗》，海南出版社，2000年版。

（清）弘历著，故宫博物院编：《清高宗御制文》，海南出版社，2000年版。

（清）刘廷玑著：《在园杂志》，中华书局，2005年版。

（清）旻宁著，故宫博物院编：《清宣宗御制文》，海南出版社，2000年版。

（清）吴振棫著：《养吉斋丛录》，北京古籍出版社，1983年版。

（清）胤禛著，故宫博物院编：《清世宗御制文》，海南出版社，2000年版。

（清）于敏中等编：《日下旧闻考》，北京古籍出版社，1985年版。

（清）昭梿撰：《啸亭杂录》，中华书局，2006年版。

[法]阿道尔夫·阿尔芒著，许方、赵爽爽译：《出征中国和交趾支那来信》，中西书局，2010年版。

[法]埃里松著，应远马译：《翻译官手记》，中西书局，2010年版。

[法]库赞·德·蒙托邦著,王大智、陈娟译:《蒙托邦征战中国回忆录》,中西书局,2010年版。

[法]帕吕著,谢洁莹译:《远征中国纪行》,中西书局,2010年版。

[法]瓦兰·保罗著,孙一先、安康译:《远征中国》,中西书局,2010年版。

[英]霍普·格兰特、诺利斯著,陈洁华译:《格兰特私人日记选》,中西书局,2010年版。

[英]麦吉著,叶红卫、江先发译:《我们如何进入北京——1860年在中国战役的记述》,中西书局,2010年版。

[英]约翰·巴罗著:《我看乾隆盛世》,北京图书馆出版社,2007年版。

北京古陶瓷研究中心编:《故宫博物院八十华诞古陶瓷国际学术研讨会论文集》,紫禁城出版社,2007年版。

陈润民主编:《清顺治康熙朝青花瓷》,紫禁城出版社,2005年版。

耿宝昌主编:《故宫博物院藏清代御窑瓷器》,紫禁城出版社,2005年版。

郭兴宽、胡德生、赵小春撰:《禁宫何处大雅斋》,载《紫禁城》总128期。

李科友、吴水存点校整理:《古瓷鉴定指南》二编,北京燕山出版社,1993年版。

秦国经、高换婷著:《乾隆皇帝与马戛尔尼》,紫禁城出版社,1998年版。

舒牧等编:《圆明园资料集》,书目文献出版社,1984年版。

孙彦点校整理:《古瓷鉴定指南》三编,北京燕山出版社,1993年版。

王光尧著：《中国古代官窑制度》，紫禁城出版社，2004年版。

王光尧著：《清代御窑厂的建立与终结》，载《故宫博物院院刊》，紫禁城出版社，2004年2期。

王光尧著：《官样御瓷》，紫禁城出版社，2007年版。

伍跃、赵令雯标点：《古瓷鉴定指南》初编，北京燕山出版社，1993年版。

小横香室主人撰：《清朝野史大观》，河北人民出版社，1997年版。

熊寥、熊微编著：《中国陶瓷古籍集成》，上海文化出版社，2006年版。

叶喆民译注、刘伟配图：《饮流斋说瓷译注》，紫禁城出版社，2005年版。

阎宗临著：《中西交通史》，广西师范大学出版社，2007年版。

余佩瑾主编：《得佳趣：乾隆皇帝的陶瓷品味》，台北故宫博物院，2012年版。

圆明园管理处编：《西方人眼中的圆明园》，对外经济贸易大学出版社，2000年版。

圆明园管理处编：《圆明园百景图志》，中国大百科全书出版社，2010年版。

赵聪月著：《故宫博物院藏慎德堂款瓷器》，紫禁城出版社，2014年版。

赵尔巽等编：《清史稿》，中华书局，1978年版。

赵广超、吴靖雯著：《细节品鉴十二美人》，载《紫禁城》2013年5期。

中国第一历史档案馆、故宫博物院编：《清宫内务府奏销档》，故宫出版社，2014年版。

中国第一历史档案馆、香港中文大学文物馆编：《清宫内务府造办处档案总汇》，人民出版社，2005年版。

中国第一历史档案馆编：《雍正朝起居注册》，中华书局，1993年版。

中国第一历史档案馆编：《圆明园》上下册，上海古籍出版社，1991年版。

朱家溍著：《关于雍正时期十二幅美人画的问题》，载《紫禁城》1983年4期。

图片参考图书

北京市文物研究所编：《圆明园长春园含经堂遗址发掘报告》，文物出版社，2006年版。

陈润民主编：《清顺治康熙朝青花瓷》，紫禁城出版社，2005年版。

冯先铭、耿宝昌主编：《故宫博物院藏清盛世瓷选粹》，紫禁城出版社，1994年版。

耿宝昌、吕成龙编：《故宫博物院藏文物珍品大系：杂釉彩素三彩》，上海科学技术出版社，2009年版。

耿宝昌编：《故宫博物院藏明初青花瓷》，紫禁城出版社，2009年版。

耿宝昌主编：《故宫藏清代御窑瓷器》，紫禁城出版社，2005年版。

故宫博物院、景德镇市陶瓷考古研究所编：《明代成化御窑瓷器》，故宫出版社，2016年版。

故宫博物院编：《故宫博物院藏清代帝后玺印谱》，紫禁城出版社，2005年版。

故宫博物院编：《地上的天宫：故宫博物院藏清代后妃皇子文物》，故宫出版社，2016年版。

故宫博物院古陶瓷研究中心编：《故宫博物院藏古陶瓷资料选粹》卷二，紫禁城出版社，2005年版。

故宫博物院古陶瓷研究中心编：《故宫博物院八十华诞古陶瓷国际学术研讨会论文集》，紫禁城出版社，2007年版。

李理著：《紫气东来：沈阳故宫博物院藏绘画研究》，故宫出版社，2013年版。

田艺珉著：《考鉴品藏左图右史——石渠宝笈编纂要述》，载《紫禁城》2015年9月。

王莉英编：《故宫博物院藏文物珍品大系：五彩斗彩》，上海科学技术出版社，2009年版。

叶喆民译注、刘伟配图：《饮流斋说瓷译注》，紫禁城出版社，2005年版。

余佩瑾主编：《得佳趣：乾隆皇帝的陶瓷品味》，台北故宫博物院，2012年版。

余佩瑾主编：《品牌的故事：乾隆皇帝的文物收藏与包装艺术》，台北故宫博物院，2017年版。

余佩瑾主编：《抟泥幻化：院藏历代瓷器》，台北故宫博物院，2014年版。

张淑娴著：《金窗绣户：清代皇宫内檐装修研究》，故宫出版社，2019年版。

赵聪月主编：《故宫博物院藏慎德堂款瓷器》，故宫出版社，2014年版。

朱赛虹编：《故宫博物院藏品大系善本特藏编13样式房图档》，故宫出版社，2014年版。

后 记

　　圆明园作为清五朝皇帝避喧听政、休憩常居之所，是百余年间清廷在紫禁城之外最重要的皇权统治中心。这里集中国南、北方以及中、西方园林之大成，被誉为"万园之园""东方的凡尔赛宫"。关于圆明园的历史和建筑园林方面的研究，已有许多专家、学者有专著论述，成果斐然。近年来，随着西洋楼海晏堂十二生肖兽首的拍卖和回归，以及马首的归藏，圆明园的文物越来越受到国内外各界人士的广泛关注。

　　圆明园作为"御园"，至高无上的地位决定了这里收藏的历代古玩之珍，诸般陈设之精，居清代皇家"三山五园"之首，其中的许多收藏在紫禁城以外独一无二，堪称世所罕见。由于清帝每年大部分时间在此居住，这里的每座宫殿都有或华丽或古朴的陈设，库房中储藏了供皇室成员使用的各种精致器具。"圆明园文物"不仅包括收藏于圆明园中的历朝古董珍玩，还包括由清廷造办处制作，曾陈设于园内各座殿堂内、外，供皇帝和皇室成员观赏和使用的器具。由于圆明园《陈设档》尚未发现，收藏其中的陈设器物数量和摆放情况，没有非常明确的记载。随着时光的流转，圆明园文物收藏和陈设的情况逐渐被历史的迷雾笼罩，衍化出如今社会上流传的各种光怪陆离的猜想。

　　我在对圆明园文物进行整理、保护和研究的工作中，深深感受到它们独特的艺术价值和无可取代的历史价值。特别是出土于圆明园各处遗址的文物是无可怀疑的、最真实的圆明园文物。虽然它们只是昔日圆明园珍宝中的吉光片羽、沧海一粟,也大都残缺不全,难觅昔日辉煌,但它们不仅与紫禁城中那些堂皇富丽、华贵典雅的清皇家文物同根同源,更是圆明园兴衰荣辱的历史见证。其中瓷器文物是众多出土文物中数量最多的。虽然无完整器,但对这些瓷器残片进行整理,根据器型、釉色、纹饰等进行分类、研究后发现,不仅器型丰富、釉色齐全,时代包括康熙、雍正、乾隆、嘉庆、道光,而且其中大多是有朝代款的御窑器物,与北京故宫博物院、台北故宫博物院、南京博物院、承德避暑山庄博物馆中清宫旧藏的瓷器对照,是完全相同的。即使是残碎的瓷片,从研究的角度上说,也有着完整器所不能比拟的优势。它们不仅是历史的见证,如乾隆在《咏古椭片瓷》诗中所说"椭片出越窑,较唐宋应久。非盘亦非碟,盛水不盈口。是诚无用器,何以宝同玖。徒因阅岁深,沧桑互珍守"[1],而且通过观察这些瓷片的胎体断面和彩釉,可以了解清代不同时期的瓷器烧造特征。

  本书摘录清帝御制诗文、清宫造办处档案、奏折、清人笔记、曾供职清廷的外国传教士书信和英法联军回忆录等相关的文献、档案资料,并收录出土瓷器残片的照片,同时与收藏于其他博物馆内的相似的清宫旧藏完整瓷器进行对照,以图文并茂的形式来连缀历史,解读文物遗存、印证文献资料,全面论述了盛时圆明园瓷器收藏和陈设的规模、种类和聚集、损毁、流散的经过。并按瓷器残片釉彩分类,再依朝代、器型、装饰纹样等次第排列,分别论述清宫瓷器文物的制作、收藏、使用情况,并介绍圆明园出土和流散的瓷器文物。以期通过这些史料和照片让世人了解圆明园收藏和陈设的昔日盛景,撩开蒙在圆明园文物头上神秘的面纱,一睹其姿容。在研究方法上,本书遵循以

---

[1]（清）弘历著,故宫博物院编:《清高宗御制诗》五集卷八十一,海南出版社,2000年版,18册295页。

后记

物见史的原则，以出土文物为基础，兼收部分流散文物。注重历史与文物相结合，把文物放在当时的历史背景中，钩沉相关的历史文献，引用国内外多种档案资料，力图从零散的记载中寻找蛛丝马迹，并将这些资料罗列对比、去伪存真，从而恢复被尘封已久的历史，还原最真实的盛时圆明园收藏和陈设概况。

圆明园文物命运多舛，有的残缺不全，有的葬身火海，有的杳无消息，也许已消失于历史的尘埃之中，也许还藏在世界的某个角落，有待我们继续探寻、考证。能与这些文物相守近20年是我今生之幸。每当行走于断壁残垣的遗址中，或在文物修复室拼对大大小小的残片，脑海中常常浮现它们兴盛、完整时的样子。还原盛时圆明园收藏和陈设的真实面貌，保护这些饱经沧桑的历史遗存，使其益寿延年，是我始终不断探索，不断努力前进的动力和方向。

在耿宝昌、吴梦麟、廖宝秀、王健华等前辈的指点，圆明园管理处领导及同仁的帮助和家人的支持下，经学苑出版社洪文雄社长的倾力策划，编辑魏桦女士的精心编审，得以臻成此书。值此付梓之际，致以衷心感谢。

本书是我对圆明园陈设和出土瓷器文物的初步研究，其中必有讹误和不足之处，尚祈方家不吝赐正。

陈辉

2021年冬，于圆明园澄心堂